# 品格の教科書

美しく誇り高く生きるための43の学び

山本由紀子
Yukiko Yamamoto

サンマーク出版

品格とは、
人としての「あり方」をもっている人から
醸し出されるもの。

脈々と受け継がれてきた
作法やしきたりの裏側にある
「美意識」を学ぶことで
誇りと自信がみなぎります。

それは、あなたの「あり方」を築き
品格を生むのです。

はじめに

# 品格とは人としての「あり方」

## 作法の裏側にある美意識

品格とは「家柄」でも「作法」でもありません。

人としての「あり方」です。

**品格を身に付けることによって、誇りに満ちた穏やかな人生になります。**

これから、あなたが人としての「あり方」を築いていっていただくために、お話ししていきます。

そのためには、単なる作法や所作だけをお伝えしていては役に立ちません。

作法や所作の形の裏には、必ず相手や周囲を思いやる美意識があります。その美意識こそが、「あり方」を築き、品格を醸し出すのです。

**じつは、私は作法やしきたりが大嫌いです。**形にしばろうとする世界はぶち壊したくなるほどです。まして、「お作法は完璧よ」などと言う鼻持ちならない人には、絶対なりたくないと思っていました。

一方で、私は呉服屋という仕事のため儀式などに関わることが多く、「結納のときにはどうする」「お中元お歳暮はどのように」「お葬式の前後には何をすればいい」などと、お教えしていました。

ただ、私はやり方をお教えする前に必ず、その場の状況や関係性、相手がどのような方であるかを念入りに聞くことにしています。

なぜなら、**作法やしきたりという決まりがあったとしても、相手の方に不愉快な思いをさせないことこそ優先すべきだからです。**一番の目的は、相手と良いコミュニケーションが取れることです。作法やしきたりはそのための「ひとつの基準」「サンプル」にすぎません。

もっとも重要なことは「相手の気持ち」。それさえ踏まえれば、やり方などはある意味どうでもいいのです。

そして、とっさの状況にも柔軟に思いやりのある行動ができる人こそ、「最高の品格がある人」でしょう。

## やり方を暗記しても身に付きません

一方で、多くの人が「品格は家柄だ」と言うのは、ある意味、真実でもあります。幼い頃から作法や所作、人への接し方などを教えられて育つからです。

しかし、品格は生まれながらに備わっている遺伝子ではありません。

誰でも、いつからでも、その気になりさえすれば、自分で手に入れられるのです。単にいままで学んでこなかっただけのことです。

そうはいっても「品格を身に付けるのは難しい」と思われる方も多いでしょう。

実際、品格を手に入れたいと思う人のほとんどが失敗し、あきらめているという現実があります。なぜ、そうなってしまうのか？

**それは学ぶ方法に大きな問題があるからです。**

多くの人は本を読んだり、マナー教室で学んだりします。そこでは「このような場ではこうしなさい」と、やり方を暗記させます。できなかったことを指摘して、「次はできるようにがんばりましょう」という学び方です。

あるとき、私が祇園(ぎおん)で主催しているセミナーに参加された弁護士の方が、笑って話してくださいました。立派な料亭で接待される前に、あわててマナー本を買いこみ暗記したそうです。

さて、当日どうなったか。彼は自分の行動をチェックして「このときは、こうして……」「次は、ああして……」「あっ、間違えた!」「忘れてた!」の連続。**せっかくの美味(おい)しいお料理も、何を食べたかまったく覚えていなかったそうです。**

先ほどお伝えした通り、作法や所作の形の裏には、必ず相手や周囲を思いやる美意識があります。

それは日本の長い歴史の中で培われ、伝承されてきました。

作法もしきたりも本を正せば、どうしたら人間関係を円滑にできるかを考えてできたものであり、時代に合わせて少しずつ形を変えながら作られてきたものです。初めて会う人、見ず知らずの人でも心地よく接することのできる基準として作ったのが作法やしきたりだったのです。

だから、それを守ればむしろ安心だったのです。**その意味を理解すれば忘れず、自信をもって臨むことができます。**

しかも他の事柄にも応用できて、あわてることもありません。

## 創業一三二年の呉服屋で学んだ大切なこと

ここで少し私の自己紹介をさせてください。

私は岐阜の呉服屋の一人娘として生まれました。

当家は、江戸時代中期に料理旅館として創業。次第に呉服屋を兼業するようになり、明治から呉服屋の看板のみとなりました。**呉服屋としては、創業一三二年、その前の料理旅館から数えると、創業二〇〇年以上になります。**

両親は商売が忙しくて、祖母に育てられました。祖母は毎日のように裏の三輪神社へ連れて行き、昔の話をしながら遊んでくれました。店と家庭が同居する家では、当たり前に着物に囲まれ、周囲の誰もが「ゆくゆくは跡継ぎ」と、見ているのを感じながら大きくなりました。

幼い頃から、家では正座で足を崩すことは許されず、行儀よく過ごすようしつけられました。おじぎの仕方、指の揃え方、敬語の使い方など礼儀作法や所作を日常的に注意されながら育ちました。

さらに、学生時代は京都の親戚宅に身を寄せました。それは周囲から**「京都の生き字引」と呼ばれていたおばあさんに、私を預けて教育してもらうためでした。**

その「京都のおばあさん」は、結婚する前は老舗料亭の仲居さんで「若いのに気がきく人」として、京都でも有名だった人でした。茶道、華道、三味線、長唄、清元……ありとあらゆる師匠の免状をもち、裁縫も料理もプロ級でした。

おばあさんは私を良い師匠に付けて、いろいろなお稽古事をさせました。それだけでなく、家へ帰るとまた自分でお稽古を付けました。

**それは形を教えるだけでなく、「なぜそうするのか」を一つひとつ解説してくれ、とても興味深いものでした。**多方面の文化に精通しているからこそ、その共通する精神性の根本を教えてくれたのでした。

大学を卒業後、私は金沢の呉服屋で修業し、岐阜へ帰りました。

実家では呉服屋として着物を売るだけではなく、地域で作法や儀式のやり方を教える立場になりました。

その頃感じたことは、時代が大きく変わっていくのに、昔からのやり方では合わなくなっていくということでした。

そして、**新しい基準を示すのも地域一番店の呉服屋の仕事であると考え、責任を感じながら変えていったのです。**その考える基となったのは「やり方」ではなく、「なぜそうするのか」。根本は、人としての「あり方」でした。

作法は形ばかりを追うと、とても堅苦しく、社会の変化にも合わなくなります。

ですから、相手を気遣い、人間関係を円滑にすることを基準に考えることが大切です。

## 時代とともに変わる「作法」、変わらない「あり方」

たとえば、手土産を持って行くとき、昔は風呂敷に包まなければ失礼にあたりました。

しかし、いまはどこのお店でもきれいな紙袋に入れてもらえます。**風呂敷で包むという行為は「汚れや埃(ほこり)が付かないように大切にお持ちしました」という相手への思いやりですから、いまは紙袋がその代わりになるのです。**

ただし、紙袋は持ち運ぶための道具ですから、中身だけを取り出して渡し、持ち帰りましょう。

外出先で会う場合は、相手の方が持ち帰りやすいように紙袋のまま渡しても大丈夫です。「紙袋のままで失礼します」の一言を添えると丁寧です。その場合くれぐれも、くたびれた紙袋は避けましょう。

また、以前はいただいた物は仏壇の前にお供えするのが礼儀で、お客様がいらっしゃるうちに開封するなどということは、けっしてやってはいけませんでした。

しかし、いまは親しい方やその場の話によっては、開けて一緒に楽しむことも悪くはありません。**大切なのは、相手の方に失礼にならないかを考えた上で、その場の雰囲気を優先することでしょう。**

作法や所作は、先人の経験や知恵によって培われた最善の方法です。それを学ぶことで品格を手に入れれば、人生の質が高まり、揺るぎない「あり方」を確立できます。それは時代や社会が変わっても不変です。

これからこの本を通して、一〇〇年以上続く呉服屋を営む中で培ったこと、京都のおばあさん、実家の祖母を始め、たくさんの良き師から学んだことを伝えてまいります。

しかしながら、私は作法の先生ではありません。**けっして堅苦しいことを押し付けるつもりもありません。**

お伝えすることは、私がいままで周囲の人たちから教えられたことであり、実際に家庭や社会で受け継がれてきたことです。

**この本は読み物として興味深く読んでいくうちに納得できて、やってみたら自然に学べ、身に付いていたという作りになっています。**どの項目からでも良いので、読み進めてください。

本当の意味で品格を身に付けた人が増えれば、社会の秩序は保たれ、心豊かな世の中となります。

まずはおひとり、おひとりが自分にふさわしい品格を手に入れて、誇りに満ちた穏やかな人生を歩まれることをお祈りしています。

# 品格の教科書　もくじ

## はじめに　品格とは人としての「あり方」

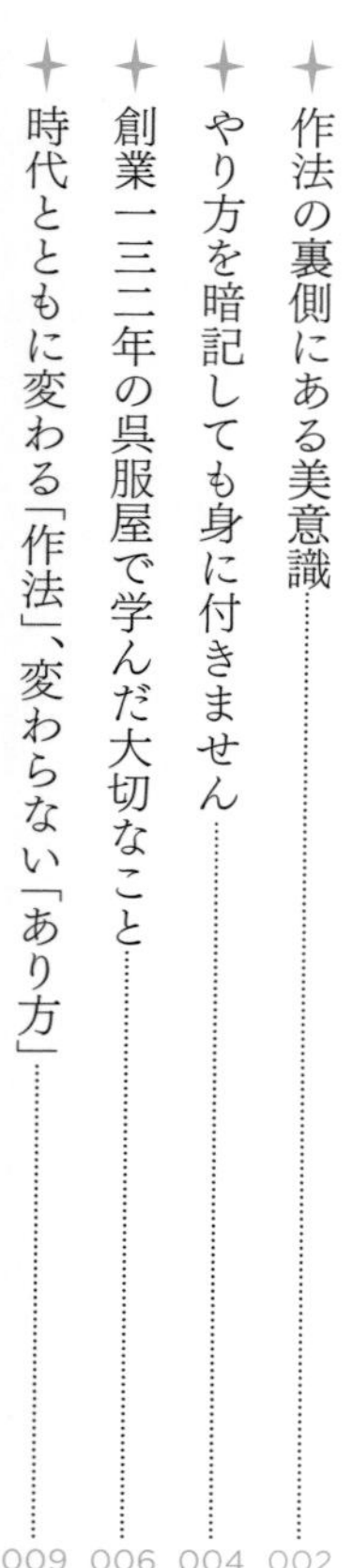

# 一章 しぐさの品格

# 二章

# お付き合いの品格

## 三章 食の品格

## 四章

# 人生の品格

## おわりに　時代が変わっても揺るがないもの

装丁――――八木麻祐子（Ｉｓｓｈｉｋｉ）
本文デザイン・本文ＤＴＰ――――青木奈美（Ｉｓｓｈｉｋｉ）
イラスト――――塚野秀樹
編集協力――――株式会社ぷれす
企画協力――――ブックオリティ
編集――――金子尚美（サンマーク出版）

# 一章　しぐさの品格

# おじぎは、対等であることを認め合う儀式です

「日本人だけがペコペコと頭を下げる姿は卑屈に見える」

外国の人たちが握手を交わす中、こう言われることがあります。

**本来は、外国人が握手をするのも、日本人がおじぎをするのも同じ意味です。**

外国人が握手するときは、右手を預けることで相手への敵意がないことを表します。同様におじぎも、体でもっとも重要な部分である頭を下げることでそれを示します。

外国の挨拶が握手やハグなのに対して、日本でおじぎが挨拶になったのは高温多湿で、特に夏場はベタベタし、体を触れ合うのは互いに不快感を抱きかねないためだといわれています。離れたままでできるおじぎが挨拶になったのは、日本

だけでなく、高温多湿の東南アジアの国々でも同じです。

すぐに慣れ慣れしく寄って行かないで、**相手も自分も独立した人間でありお互いに対等であることを認め合おうとするひとつの儀式なのです。**

呉服屋にとって、おじぎはもっとも基本的な動作です。

私も幼い頃から、お客様がいらっしゃる店内を通るときは、立ち止まって「こんにちは」とおじぎをしなさいとしつけられました。ですが、お客様が話に夢中だと、そっと横を通り抜けてホッとしていました。

そんなときは、後から必ず「お客様が気づくかどうかの問題じゃない。挨拶は来てくださったお客様に対する感謝の気持ちを表すもんだ」と、大目玉を喰らいました。

また、「おじぎは一回で良いからしっかり頭を下げなさい。コメツキバッタのようなおじぎは絶対にやってはいけない」と言われました。コメツキバッタは脚を持つと何度も頭をペコペコさせます。

**媚びへつらうような軽いおじぎを繰り返すのは、自分の価値を下げます。**そして相手を敬う態度でもありません。

頭を下げることは、相手に従うとか、自分が負けたことを示すといった姿勢ではないのです。

**クレームで頭を下げるときでさえ、自分の過ちを二度としない決意をもって誠心誠意、迷惑をかけた相手に対して心から謝罪する態度を表すことです。**

誰からも尊敬され、親しみをもたれる人は思い上がった素振りなどしません。むしろ腰が低く、どんな人にも分け隔てなく、「立場が下の人からも学びたい」という謙虚さをいつも忘れません。

おじぎは、言葉を使わず態度で交わすコミュニケーションです。礼儀正しく挨拶することは、相手を尊重すると同時に、思慮分別が備わり尊厳を有した人間であることを自信をもって表すことになります。

このことをしっかり心に留めて、「誇りをもって頭を下げること」です。

# 一章
# しぐさの品格

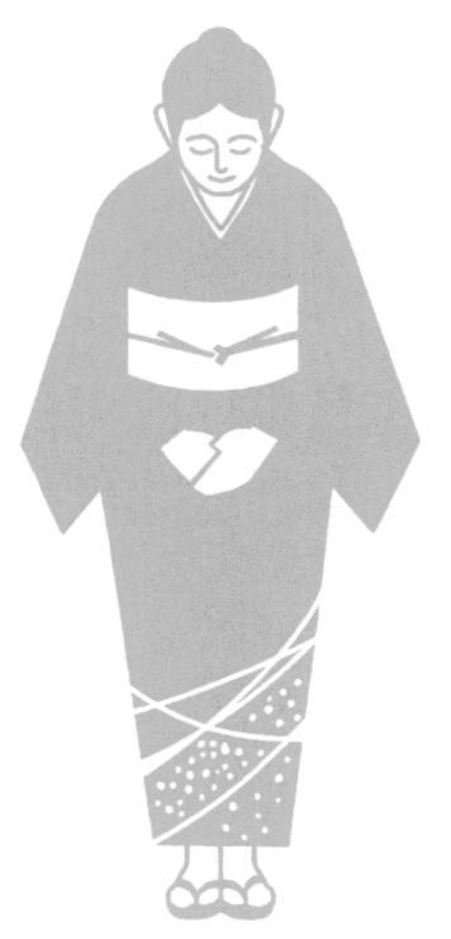

# 姿勢を整えなさい。すると、心も整います

美しい所作の基本、それは美しい姿勢です。

美しい姿勢は、**骨格や筋肉の流れに逆らわない自然な姿勢**です。筋肉や関節にかかる負荷が少なくなり、全身がゆるむことでリラックスし疲労が軽くなります。

頭のてっぺんを天から糸で引っ張られているようなイメージで、背筋を伸ばします。すると、自然にお腹（なか）とお尻がへこんだ美しい姿勢になります。

**おへそから七センチほど下の丹田に、気力が満ちるのをイメージすると姿勢が崩れず心も動じません。**

また、横隔膜が動きやすくなって呼吸が深くなり、酸素を取り入れやすくなります。脳へも酸素が運ばれ集中力が高まります。

無駄な緊張がなくなることで、肩こりが解消されダイエット効果も期待できます。近頃ブームになっている体幹を鍛えることは、美しい姿勢を作ることにつながります。

「姿勢」という言葉を辞書で引いてみると、体感を示す「体の構え」と、心のあり方が表れた「態度」という二つの意味があります。それぞれ別の視点から捉えていますが、同じことです。

**心のあり方は体の構えとなって外に表れます。その逆に、体の構えを整えることで心のあり方も整うのです。**

姿勢は思考パターンとも関連しています。下を向けば自制的になります。過去を振り返ったり自分を見つめたり内向き志向になる一方、ひらめきも起こりやすくなります。まさに「考える人」のポーズです。

上を向けば情報を取り込み、外の世界とつながりを強める外向き志向になります。体で捉えた感覚は脳で生み出される感情に大きく関わっているのです。

一方で、長い時間、同じ姿勢でデスクワークを続けたりスマホを使ったりしている状態は、外にいながら内向き志向になっているときでしょうか。その時間ばかりが長くなると、外向き志向ができなくなります。

首が前に出てしまう姿勢は、ドラマなどでお年寄りや疲れた人の役を演じる場合に見られます。肩が前かがみで内側に丸まった「猫背」は、腰痛や肩こりの原因になり、内臓器官を圧迫するなど健康を害する要因まで作ってしまいます。

落ち込んだり、つらくなったりしたときは下を向かず、大きく息を吸って背筋を伸ばしてみましょう。**姿勢が正しくなると、まっすぐ前が見えるようになります。視界が広がると心が前向きになり、それまで見えなかったものが見えるようになります。**

「姿勢が変われば、心も変わる」というのは、いつの時代も変わることのない真理なのです。

# 玄関は特別な結界！
# 靴を脱ぐ場所だけにあらず

日本人は「内」と「外」を厳密に分けてきました。

「人の家へ土足で上がる」という表現は、相手の人格を無視し、礼を失した行為であるときに使われる言葉です。

人の家に伺うことは、相手の領分に立ち入ることです。

相手の家の玄関前では一呼吸整えて、身だしなみをもう一度チェックします。**家へ靴を脱いで上がり境界を越えるときには、プライバシーを尊重し、相手への心遣いを忘れてはいけません。**

玄関のあり方は、折り目を付けて人間関係を育んできたことを物語っています。

もともと玄関は、「幽玄」な世界に入る「関門」という意味です。ちなみに、幽玄とは、奥深くはかりしれないという意味です。

玄関は、靴を脱ぐだけでなく、来客と交流する特別な場所とされていました。靴を脱いで最初に踏む上り框は、土間より五〇センチくらい高い段差があって「家の顔」とも呼ばれて大切にされてきました。

それは玄関に入り挨拶する人と、上り框で座って迎える人との目線が同じ高さになるよう細やかな配慮で計算し尽くされていました。

**「家に上がる」とは、土間と住居を「結界」として境を設けたことから生まれた表現です。**

家へ上げるほどの人でなければ、上り框でおしゃべりしていたのです。

当家の奥にある座敷は、築一八〇年以上経っています。

「昔は毎日糠袋で柱や床を磨いたんだよ。木は水拭きするとツヤがなくなるけど、糠袋だとピカピカになるからね。特に上り框は人をお迎えする場だから、他のところより念入りに何度も磨いたもんだ」

祖母は、慈しむように上り框をなでて言いました。

さらし木綿の布で縫った袋の中へ煎った米糠を入れてこすっていると、一か月もすると米糠の油がいい具合ににじみ出ます。

祖母は女中さんたちと毎日その糠袋で磨いてきたのです。五年、一〇年と磨くとだんだん木の内面から輝くようになります。

最近、明治・大正時代に建てられた「登録有形文化財」の建物が結婚式場やレストランとしてリニューアルされ、とても人気があります。

そのような場所では、玄関に「土足でそのままお上がりください」との立て札があります。

いちいち靴を脱がなくても、そのまま上がれる手軽さとモダンさを採用しているのです。

しかし、ビルやマンションとの同じ扱いには、洋服を着たまま温泉に浸かるような違和感を覚えます。

ピカピカに磨かれた上り框は、たくさんの人たちが靴で踏むためすり減っていました。

その様を見る度に、何十年も床を磨いてきた人たちの思いと苦労がしのばれ、胸がズキンと締め付けられます。

# 後ろ向きに靴を脱ぐのは
# マナー違反である二つの理由

「お履物はそのままでどうぞ」

老舗旅館や食事処などの玄関で声をかけられることがあります。履物を脱いで上がるお客様に手間をかけさせず、すんなりと中へご案内するためです。お客様側は、「ありがとう」とお礼を言い軽く会釈をして、後はお店の人に任せれば良いのです。しかし、いまはそのように言ってくださるところが少なくなりました。

戦前までは、一般の家庭でもお客様の履物の向きを変えるのは迎える側がすべきこととされていました。いまは下足の管理人がいない場合が多く、家人に手間をかけさせないという意味でも、**自分で「向きを直す」べきです。**

履物は、左右が離れれば離れるほど無作法な脱ぎ方となります。脱ぎ散らされた履物は美しくありませんし、後から来られた方にも迷惑をかけます。

よく見受けられるのが、玄関でくるっと向き直って靴を脱ぐ様です。

履物を揃(そろ)えて、つま先を入り口の方へ向けるのは一見丁寧な脱ぎ方に思えます。それがマナー違反である理由は二つあります。

ひとつには、後ろ向きになったとき、家の方にお尻を向けることになるからです。二つめには、足先でチョッチョッと靴を揃えるのはみっともない光景だからです。誰に対して失礼というわけではないですが、確かに見苦しいです。

つま先が室内、かかとが入り口の方を向いている状態、つまり「脱いだまま家へ上がる」の形がマナーになったのは茶道の影響によるものです。

**脱ぐときはまず両足を揃えてつま先を家の中に向けて脱ぎます。**

そして、上がってから相手にお尻を向けないよう**体をやや斜めにして、つま先を外に揃え、邪魔にならないところに置きます。**

茶室に入るときは、にじり口と呼ばれる狭い入り口で履物を脱がなければなら

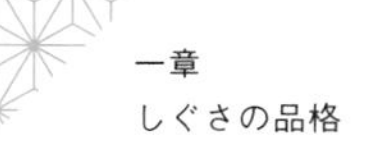



ず、美しく揃えて置いておくためにも、退出するときに履きやすいようにするためにもこういった礼法が生まれました。それが住居など他の建物に上がるときの作法としても用いられるようになりました。

しかし、トイレの履物を脱ぐときだけは例外です。昔のトイレは「ご不浄」とも呼ばれ、汚れた場所として家の外にありました。

次第に、家の中にトイレが設けられるようになったのですが、「不浄」を他の部屋へもち込みたくないので、トイレ専用の履物を用意しました。スリッパを揃えて置くためにも次に履く人のためにも、**不浄のトイレのスリッパには、手を触れず後ろ向きに脱ぐのが作法となりました。**

ですから、玄関でくるっと後ろ向きになって履物を脱いだら「ここはトイレだ」「不浄だ」と言っていることにもなりますから要注意です。

トイレには、室内とは別のスリッパが用意してあるときは、くれぐれも履き替えることをお忘れなく！

## 美しい正座を作る
## 〝ちょっとしたコツ〟をお伝えしましょう

「正座」というと、古の正式な座り方だという印象を受けますが、じつは違います。江戸時代から畳が広がった影響を受け、せいぜい三〇〇年余り前から普及したものです。

もともとは、仏教とともにインドで発祥した坐禅が日本に伝わり、そこから正座という日本独自の所作が生まれました。

そして禅と密接な関係がある茶道で、正座が取り入れられました。狭い茶室で体積を小さくして座るには正座以外になかったからです。茶室の床や障子の高さといった空間感覚は、まさに正座で座ることを前提にすべてが設計されています。茶道の作法に倣って、やがて食事のときは正座をするようになりました。

坐禅では美しい正座の形を保ちますが、「坐」の字は地の上に人がどっかりと腰を下ろしているという意味です。「まだれ」を加えた「座」という字は、そうした場所や空間を表します。

坐禅の場合は、無心に座り瞑想しながら姿勢と呼吸を整えていると、自然に体内に「気」がみなぎってくるような時間が訪れます。

**坐禅を基にした正座の形は、「気」を集中させるために根付いたものなのです。**

体の感覚というのは、人間の内部に大きな影響を及ぼします。体の中心がしっかりと定まらないことには、物事の考え方にもブレが生じます。

正座をするときは、足の親指を重ね、かかとの間にお尻を揃えるようにすると安定感が出ます。

**上半身は骨盤の上に背骨を一個ずつまっすぐ積み上げていくような感じにします。すると体重が指先だけにかからなくなり、しびれの回りも遅くなります。**

これは、日本舞踊の先生から教えてもらった〝ちょっとしたコツ〟です。

正座というと、膝を曲げて座ることに注意が向きがちです。

しかし、**体を左右に揺らさず上体をまっすぐに保つことが重要です。**「腹が据わる」「腹に落ちる」という言葉が示すように、どっかりと座って「姿勢を正す」ことなのです。

すると、それは相対する目の前の相手への敬意の姿勢になります。

座り方は、人柄やその人の内面まで表しているのです。相手の話を真剣に聞き、真摯に物を拝見しようとする態度こそ、もっとも重要です。

この相手にまっすぐに向き合う態度こそ、良い人間関係を作る基となります。

## 捨てる前に、「物の天命」をまっとうさせなさい

「六年も経ったらパソコンは買い換えどきかもね」

あるとき、このように言われました。故障しないまでも、サポート期間が終わると否応(いやおう)無しに買い換えなければならないこともあります。どんどん新しいものに替えていくことに、ときどき苦い思いを抱きます。


昔の職人にとって道具は「命」。

手入れをしながら一生でも使いつづけました。

「宵越しの金は持たない」という江戸っ子気質も職人の町、江戸ならではの発想でした。熟練した技術を身に付けた職人は良い道具さえ持っていれば、いつでも

どこでも仕事ができたからです。

**さらに、物はただの人工的な物質ではなく、生き物と同じように魂があるものと考えられていました。**

「針供養」「人形供養」などの風習があります。日常生活や仕事でお世話になった物に感謝し、人間と同じように丁寧に葬るという姿勢の表れです。

私も、以前針が折れると「針壺（はりつぼ）に入れておきなさい」と母に言われました。そして、一年間貯（た）めておいて「事納め（※）」の二月八日に、神社へ針供養に持って行きました。

「針供養」では使えなくなった針をねぎらって、柔らかい豆腐やこんにゃくに刺して供養します。いい加減に放っておいたり、他のものに紛れて捨てたりしては危ないので、最後まで心をかけて捨てたのです。

「物にも心がある」と考えれば大切に扱いますし、役に立たなくなったからといって、ポイと捨てたり、放置したりすることなんてできません。

物があふれ物質的に豊かな現代社会では、新しい商品やサービスを作り出して生活に対する向上心を煽り立てます。

ですが、新しいものに替えるときには、それまでの物が本当に不要なのかを、もう一度よく考えてからにすべきではないでしょうか。いたずらに捨ててはゴミの山を作るだけで、それは環境悪化への道です。

**物に感謝しながら使えば、「物の天命をまっとうさせたい」と考えるようになるはずです。それは人間の義務でしょう。**

物は丁寧に扱い、不要になったものにも「ありがとう」と感謝の気持ちを添えて捨てる――その捨て方で、人生に対する姿勢があぶり出されると思えるのです。

（※）二月八日を「事始め」として、十二月八日を「事納め」とする地方もあり。

# 音に気を付ければ、美しい所作になります

音は空気の振動です。動きが丁寧であれば大きな音はしません。

自分の思うままに行動する人が発する音は、周囲への配慮、心遣いを欠いています。自らそれに気づき、不快音を立てないよう心遣いができる人は、他人への配慮ができる人といえます。

「お茶碗（ちゃわん）を拭くときは上にあるものから順番に取ったら、そんな音はしませんよ。音は大切な物を傷つけます」

京都のおばあさんに、静かに諭されたことがありました。私は音を立てていることさえ気づかず、下になっているお茶碗を引きずり出していました。

音を立てることは、ヒビが入ったり欠けたりする原因となります。食器を大切

に使っていたおばあさんにとって、音は神経を逆なでされる思いだったでしょう。

それ以降は、食器を洗う前に同じものを揃えてから洗うようにしました。置くときもいきなりドンと置かないで、物がびっくりしないようにそっと置きます。**音がしない扱い方は、見た目にも美しく、物を大切に扱うことになります。**

名曲「春の海」を作曲した箏曲家で、随筆家でもあった宮城道雄さんは目が不自由だったため、すべてのことを声や音で判断しました。声を聞けばその人の疲れ具合も、性格も頭の良さまでわかったそうです。驚くことに、足音で男性か女性か、美人かの判断が付きました。**音の世界に生きた宮城道雄さんは、音を「心の調べ」と言いました。**

人が作り出す音は、不快感の原因になりかねません。お芝居を見ているときのガサガサという紙の音、コツコツと響くヒールの音、椅子を引きずった音、突然鳴り響く着信音……**心を伴わない動きは不快な音を生み出します。**不快な音を出さないためにも、すべての所作には心を伴わせましょう。

# 右を上にすることが、物を包むときの作法です

白い和紙で品物を包むことには、その品物自体を「清める」意味があります。そして、風呂敷で包むことは「大切な品物です」ということを表しています。そのために、和紙にも風呂敷にも包み方に作法があります。

**重ね合わせたときに、必ず向かって右が上にくるように包むのです。**

人に着物を着せていると考えればわかりやすいでしょう。左右を逆にして着物を着せるのは「左前」といい、死去された人に着物を着せるときの作法です。ですから、これをひとつ間違えるとお祝いの品でも不幸の品になってしまうのです。

菓子箱などを包装紙で包み、セロハンテープで留めるときも、必ず向かって右

が上になければいけません。近頃はそんなことにおかまいなく包まれるお店があり、驚くこともしばしばです。

**この右上という考え方は和紙や風呂敷だけでなく、目録も金封、敷紙、片木（へぎ）、三方、戸棚、襖（ふすま）、障子も同じなのです。**

一度、自宅の中の物をゆっくり見回してみられてはいかがでしょう。店のガラス戸も建具もお客様の方から見ても、店の方から見ても必ず向かって右を上にしてはめるものです。その意味から覚えておけば、みな同じなので忘れません。

物を包むということは、自分を「優しく温かく包み込んでください」という思いも込められています。ですから、風呂敷を贈り物にするといったことがよくあります。花嫁の挨拶回りの手土産にも風呂敷がもっともよく用いられました。風呂敷に包んで風呂敷を持参するのです。

嫁いだ後、近所や親戚に「これから、よろしくお願いします」と挨拶回りをしました。そのときの手土産が「名披露」といわれた風呂敷です。名前を覚えてもらうために、のし紙を外に貼り、嫁の名前を書きました。

おめでたい柄やきれいな色の風呂敷を畳み専用の箱に入れ、のし紙をかけて一つひとつ水引を結びます。

もの言わぬ風呂敷ですが、包む人、贈る人の思いを代わりに伝えるのです。包むこと、包み方で贈る心やいろいろな意味合いを表現してきたのです。

いまは品物も店の袋に入れてもらえるので、そのまま相手の方に渡すことも多いことでしょう。

ですが、**バッグに一枚、風呂敷を入れておいて包み替えてお渡しすることで、自分の気持ちも整うのではないでしょうか。**

## 骨を惜しまず、手間をかけなさい。そこに価値が生まれます

心のこもった手書きの手紙やハガキをもらうとうれしくなります。何年前のものでも保存してあります。反対に、プログラムで自動送信しているだけのお礼やお祝いのメール、印刷されただけのカードをもらっても、手書きの手紙のようなうれしさは感じず、すぐに忘れてしまいます。

その違いは、人手がかかっているかどうか。

「心のこもった贈り物」というのは、贈る人の手間や時間をかけてくれた思いがうれしいのです。

料理だってそうです。手間と思いをかけてくださった料理ほどご馳走と感じま

す。

どんなこともそうですが、**ちょっと面倒くさいと思われる、時間がかかることそのものに意味があります。**

「骨を惜しむ」という言葉があります。苦労や手間をかけるのを嫌がり怠けるという意味です。もう少し、この言葉についてご説明しましょう。

私たちの顔や体のパーツは、植物と同じ名前で表現できます。

芽（→目）が出て、花（→鼻）が咲き、葉（→歯）が茂り、実（→耳）がなる。

体は「幹（から）」であり、手足を昔は「枝」といいました。

そして、骨は「秀根（ほね）」と表します。骨はとても大切な根っこ。

ここからもわかるように、**「骨を惜しむ」ことは、一番大切なことをやらないことです。**

やっつけ仕事は所詮、気持ちが伝わります。

やるべき仕事を書き出してチェックを入れて満足しているだけでは、作業です。

肝心の「何のためにやるのか」を忘れてしまっています。

手間を省くことで失われる「価値」は、人間らしさが消えてしまうことではないでしょうか。

**見せかけの結果のみを求めて、形だけ整える方に気持ちが傾いていると、心を置き忘れてしまいます。**

生きるとは一分一秒、時間を紡ぐことです。「手間をかける」ことは、物にも、人にも丁寧に心をかけることなのではないでしょうか。

# 手のしぐさには、その人の万事が表れます

手はしぐさの代表ともいわれます。体の中でもっとも動きがある手先に視線が行くのですから当然のことです。

禅では、左手は自分の心、右手は相手の心を意味し、**両手を合わせることによって相手と自分の考えをひとつにする意味があります。**左右相対したものがひとつになり、調和を保つことを意味します。

そのように相手を敬うスタイルが「合掌」です。手を重ねることによって動きを強制的に止め、さらに思考を一時ストップさせます。ですからこのしぐさをすると、自分の心と向き合うことになるのです。

考えてみれば合掌するときとは、神仏を拝むとき、謝るとき、お願いするとき、

感謝するとき、「いただきます」をするときなどでしょうか。
このときは、「指を揃える」ことを心がけてみてはいかがでしょう。

また、**小説の中で描かれる手は、その人の人生までを映し出しています。**
「鶴のように痩せた手」（室生犀星著『性に眼覚める頃』）
「音楽者のようにデリケートなその指先」（有島武郎著『或る女』）
「渋紙をもみつぶしたような掌」（川端康成著『掌の小説』）

昭和初期に書かれた『日本の芸談』では、「踊りと芝居はすべて手に始まって足が決まり、腰が据わってから肩がものを言いはじめ、やがては目が使えるようになる」と記されています。

特に、男性が女形を演じる場合は、指はくっつけて十分に反らせ、手を小さく華奢（きゃしゃ）に見せます。手によって女性らしい美しいしぐさになります。
指をバラバラに開いて力を入れると、踊りが荒々しく緊張しているように見えてしまいます。

**手の指の動かし方によって、その役らしく演じることも、いろいろな表情をもたらすこともできるのです。**

私も幼い頃から日本舞踊を習っていました。父が私に踊りを習わせたのは、いつでも指先がきちんと揃うようにするためでした。

稽古で徹底して言われたのは「指先がバラバラになってはいけません」「指先まで神経をとがらせなさい」でした。

京都の舞妓（まいこ）の踊りはいつ見てもきれいです。舞妓は中学を卒業して「仕込みさん」として、一年間修業をして基本的な所作を身に付けます。

**踊りはもちろん、日常の動作においても指や脇、脚に隙間を作らないようにします。**だからこそ「店出し」（舞妓としてのデビューのこと）をすると、踊りも、お酌も、ちょっとしたしぐさも優雅に美しく見えるのです。

以前、四柱推命の占い師として活躍している友人に「占いってどんなところを見るの？」と質問したことがあります。彼女の答えは意外なものでした。

「手を出してくださいと言うとね、手相を見られると思って手の平のシワに注意が向くんだけど、じつはその前に手の出し方を見るの。指がバラバラの人はその隙間からバラバラと幸せもお金も逃げていくの。絶対当たるわよ」

たしかに、ネイルがきれいでも、スマホを持つ指がガバッと開いていたり、グラスやカップをわしづかみにしたりしては、何事にも大雑把な印象を与えてしまいます。

「神は細部に宿る」といわれるように、細部である指先にこそ、万事その人のあり方が映し出されるのではないでしょうか。

# 二章　お付き合いの品格

# 挨拶の神髄は〝真剣勝負〟

「自分から挨拶をする」「声をかけられたらハイと返事をする」「履物を揃（そろ）える」

これは、教育学の大家だった故・森信三教授が、**「みんなにかわいがられ食いっぱぐれがない人生を送る三つのこと」**として、指摘されていました。

その中でも筆頭にあげているのは、「挨拶」でした。

挨拶の「挨」は押す、開くという意味で、「拶」は迫るという意味。

もともとは、禅問答から生まれた仏教用語でした。

僧同士で一方が言葉を投げかけ、もう一方がどのような言葉で切り返してくるか、相手の力量を測り修行の進み具合を試していました。

師匠から「中庭はきれいに掃除できたか？」と尋ねられると、弟子は「中庭は自分の心」で、「きれいに掃除できたかは心の曇りは取れたか」ということで、師は自分の修行の具合を尋ねたのだと察知します。そこで「いまはきれいでも明日になればまた新しい葉が落ちる」と答え、「修行に終わりはない」と言外に込めるのです。

**禅の言葉「一挨一拶（いちあいいっさつ）」には、言葉によって一対一で真剣勝負をするような厳しさがありました。**

会社などでは、下の立場の人が先に挨拶して当たり前だと思われているのかもしれません。しかし、ある会社の社長が一念発起して「おはようございます」と社員さんに挨拶をしてみました。すると、いつの間にか社内全体の雰囲気が明るくなったといいます。朝いちばんの挨拶で、相手を承認し、上司と部下の関係性だけでなく人間同士として良好な関係が自然と築けたのです。

「相手が挨拶してくれないから自分もしなくていい」と、やり過ごしていては信頼関係を築けません。**挨拶はお付き合いを円滑に進めるための漢方薬ともいえま**

**す。**毎日続けることで、その効果がじんわりと表れてきます。

反抗期だった頃でしょうか、私は家族にも挨拶しなかった時期がありました。父は、私が元気よく「おはようございます」と言うまで、毎日毎日しつこく繰り返し挨拶をしました。朝の最初に家族と交わす「おはようございます」の一言で、その日の心模様が推察できるものです。父は、その不機嫌さを直そうとしたのでしょう。社長を交代して父は経営から一切引きましたが、朝だけは真っ先に店に陣取って、出勤した社員に笑顔で「おはようございます」と挨拶するのがたったひとつの日課でした。まさに「百利あって一害なし」です。

私は、「おはよう。今日もいい日だよ」と自分に挨拶することにしています。**目を覚まして、最初に会うのは自分です。**自分が発する言葉は、確実に自分へと戻ってきて元気になれるのです。

# 不思議なご縁のつなぎ方

「これもご縁ですね」「あの場所には何かとご縁がありまして」「この度は大変素晴らしいご縁をいただきました」……さまざまな場面で「ご縁」という言葉が使われます。

昔からご縁を大切にして親しくお付き合いをする、そのあるべき姿を「縁側」が物語っています。

昔ながらの日本家屋では、正式のお客様を迎えるのは「玄関」、酒屋や米屋の出入りには「勝手口」。そして、気の置けない隣近所の住人や友人は庭にまわって「縁側」で迎えるというように、お付き合いが分かれていました。**表玄関が「よそ行き」なら、縁側には「普段着」の気の置けない人間模様がありました。**

雨戸の敷居の外に設けた縁側は、雨に打たれるままに任せてあるので「濡れ縁」と呼びます。中小の住まいでは、玄関がない代わりに濡れ縁が出入り口でした。西洋の頑丈な壁とは異なり、縁は自然に向かって大きく開かれた出入り自由な空間でした。縁側では野菜を持ち寄ったり、お茶を飲んだり、親しい人たちとの日常がありました。

長年、呉服屋をしていると「ご縁」の不思議さに当たります。着物の売り買いだけでなく、お客様の人生に寄り添うからです。特に結婚までの経緯には驚くことがたくさんあります。

結婚式直前に喧嘩して中止、その後のお見合いによるあっという間の結婚や、五十歳を過ぎてからのお互いに初婚での結婚など、さまざまな物語を目の当たりにします。

**昔の人は、「ご縁で結ばれる」「ご縁がなかったんですね」と「縁」のせいにしてきました。それはけっして無責任に放り出すのではなく、他の大きな力で動かされていると信じていたのだと思うようになりました。**

ご縁とは偶然ではなく、必然。目に見えない不思議な働きかけに感謝し、なお一層その方との関係を大切にするようになりました。

「会って」「別れて」を繰り返すのが世の常、人間関係は入れ替わっていくものです。「去るものは追わず、来るものは拒まず」という言葉は、けっして他力本願でも高慢な態度でもありません。**すべての人間関係を相手の心に任せ、こちらからは無理強いをしないという謙虚な姿勢をこの言葉から感じます。**

考えてみると、ご縁によってつながるには片方だけでは成り立ちません。すべての人とご縁が続くわけでもありません。お互いに共感する人だけと結ばれるのです。

現在は、縁側もなく空間を個別に分断して、とかく心を閉ざしがちです。しかし、外に向かって心を大きく開いて出会った人をご縁として親しく受け入れてみると、その中から同じ思いの人が集まるのではないでしょうか。するとお金でも物でもない良い人間関係が構築され、人はさらに磨かれるのだと思います。

# 事をうまく運ぶために「間」を見計らいなさい

「比叡山を見たければ円通寺へ行きなさい」

あるとき、京都のおばあさんにこう言われました。比叡山は家からでも、京都市内どこからでも見えるのに、「わざわざ円通寺?」と思いながら訪れました。

円通寺は、後水尾天皇が別邸を建てるために何年もこの景色を求めて京都市内を探し回ったものだそうです。

枯山水の庭園からは、借景として素晴らしい比叡山が見えます。しかし、その景色を遮るように何本かの杉の木が植えられています。

じつは、書院の柱と杉の木は額縁となっていて、**それぞれの杉の木の間から見る比叡山の姿はすべて違うのだといいます。**それぞれの間、隙間から見る比叡山の趣は格別です。

「間」は本来、建物の柱と柱にはさまれた空間を意味します。**日本家屋は間をどう取るか、畳張りのプランだけで設計図もなしに建てられたのです。**「間取り」によって、襖や障子などで仕切られた空間が生まれ、大広間、仏間、応接間、居間などと呼ばれました。

幼い頃、茶の間では夕方になると祖父が熱心にテレビで相撲を見ていました。何度も塩をまき、互いに構えるのを繰り返すのが不思議でした。相撲が終わらなければアニメは見せてもらえません。

「待ったし」「発気揚々、残った残った」。何回も繰り返したあげくに、ようやく行司が軍配を返して取組みが始まります。何回構えたら始まるのかと数えていましたが、一定ではありませんでした。力士の呼吸が揃うのを待っていたと知ったのは後のことです。

じつは、日本の国技や伝統芸能において間は重要です。

間に関して共通していえることは、**事をうまく運ぶ上で頃合いを見計らい、タイミングがいいと「間が良い」といわれ、外すと「間違い」「間抜け」となる点です。**

動作に重要な間は、話し方にもなくてはならない要素です。

寄席に行くと、前座と呼ばれる新人から芸の披露が始まり、最後は名人である真打が登場します。新人の前座は元気で明るいのですが、まだ技術が身に付いておらず話に抑揚がなく、まったく間がありません。立て板に水を流すように話が流れていき、どこが山場だったかもよくわからず終わってしまいます。

最後に登場する真打は壇上に立つと、まずゆっくりと客席全体を見回して絶妙なタイミングで客席にポッと言葉を投げかけます。

客の顔を見て場の空気を感じとりながら、押したり引いたりして演じます。「落語はうまい人ほどしゃべらない」といわれるほど、口数が少なく沈黙が多くなります。この沈黙の間にこそ、客が引き込まれるのです。

**人間関係において間とは、相手の心を感じながら思いやる余白です。**

父は「怒りの感情は前後の見境をなくすから、すぐに言ってはいけない。しばらく間をおいて冷静になってから、それでも言うべきと思ったら静かに話せ」と、教えてくれました。**心にゆとりが生まれると、声の音量やイントネーションなども穏やかになります。自分の発している言葉を冷静に聞けます。**

「いったん発した言葉は元に戻らない」

父はじれったくなるくらいがまんしていました。相手を傷つけたら人間関係の修復はできない、間を取ることで冷静になれと教えてくれたのでした。

# 一個、二個……その数え方では、言葉も感性も貧弱になりますよ

「紙は何って数える？　一枚、二枚、また一葉、二葉ともいう。他にも束ねた紙は一締、一連ともいう。みんな紙の数え方や」

「物にはそれぞれ数え方がある。何でも一個、二個はみっともない」

小学生の頃、父は思い付くとクイズの問題のように私に問いかけ、教えてくれました。

日本語の数え方は複雑です。『古事記』で神々のことを「二柱の神」と呼んでいるほど、古(いにしえ)からこだわりがありました。

羊羹(ようかん)は「一本」と数えますが、贈答品になると「一箱」差し上げるといいます。

また、お皿に乗せてお客様にお出しするときは「一切れ」となります。

**このように数え方を見聞きしただけで、場面もどんな様子かもわかります。**

一対のものを表すのに、靴や草履は「一足」、手袋は「一組」「一双」、箸は「一膳」です。鳥が雌雄一対でいれば、「一番（ひとつがい）」。数量だけでなく、物の形や状態、使用法の歴史までも示していて、表現に彩りと深みを添えています。

最近では何でも「一個、二個」ですませてしまう人が増えているので、こういった数え方が忘れ去られています。忘れても一向に困らないので、つい無頓着になります。**いったん、無頓着を許してしまうと言葉が貧弱になるだけでなく、それが発端となって感性がどんどん鈍くなっていきます。**

お茶を飲む回数の数え方の単位は「服」です。「一服、二服」と数えます。他にも同じ数え方をするものは、タバコと粉薬です。お茶も含めてこの三つはいずれも日常とはちょっと距離を置いたところにあります。

嗜好品（しこうひん）であるお茶とタバコに関しては、日本で最初に流行（はや）ったのは桃山時代で、どちらも当時は贅沢品（ぜいたくひん）でした。贅沢禁止ということでタバコの禁止令が出てしまったほどです。**つまり、お茶もタバコも粉薬も本来は日常の流れの中にはないもの、それが一服という言葉に表れています。**

いまでも、「一服しよう」と言うときは、日常からちょっと離れてその時間を切り離すという感覚があります。日常の中にエアポケットを作るときのアイテムがお茶でありタバコなのです。

これが自販機のお茶では同じようにはいきません。ペットボトルの数え方は「一本、二本」でしょう。

ペットボトルのお茶を飲むのとお茶を点てて飲むのとでは、そこにかかる手間や時間が違います。もちろん、得られる気持ちや気分の切り替え方がまったく異なってきます。**そういう気持ちも数え方で表してきたのです。**

数え方は、国語の問題というよりも礼儀作法として考えるべきでしょう。

一つひとつの物に敬意を払い、そのものの成り立ちに想いを馳せるとき、自ずと一個、二個では表しきれるものではなくなります。

**数え方を知れば、人間関係における心遣いも、暮らしのあらゆる面も丁寧になっ**

**て、生活に潤いや彩りが増します。**

物に接する目も変わり、感性が豊かになります。

## 受け継がれてきた〝遺伝子〟——土産の習慣

日本では一〇〇〇年以上前に、もう土産を持ち帰る習慣がありました。

当時は「つと」と呼ばれ、家族に持ち帰るものを「家づと」といいました。

**他家を訪問する際に、手土産を持参したことも日本最古の歌集『万葉集』に書かれています。**

やがて「みやげ」と呼ぶようになりましたが、その頃は「宮笥」と書きました。「笥(げ)」は、入れ物の意味で神霊を入れる容器や、その中に入れられたお札が貼られた板を指しました。神社を詣でた人がご利益を持ち帰り、家族や餞別(せんべつ)をくれた人たちに配るのが本来の土産でした。室町時代になると「土産」と表現されるようになり、その土地の産物を持ち帰るようになりました。

**遠くの名産品を持ち帰った土産の歴史を考えると、持参する場合、訪問先の近くで買うことは失礼です。**「わざわざ」用意した季節限定やめずらしいもの、話題のものには特別感があります。

陶器や置物など、なくならないものは相手の心に負担をかけます。お札やお守りも頼まれたものなら良いですが、宗教上の問題もあるので避けた方が無難です。

手土産を持って行った後のシーンを想像すれば、選ぶ条件も決まります。

会社では切り分けるものは避け、人数に足りる数の個包装のものであれば配るにも手間がかかりません。冷蔵・冷凍を要するものは避けた方が良いです。個人の方であれば年齢や家族構成を考えます。

たとえば私の場合、めずらしいものを食べ尽くしている方へのお土産は、老舗和菓子屋・老松の「夏柑糖（なつかんとう）」。日本古来の夏みかんの中身を丁寧に取り出し、その皮を器にした寒天です。開けたときの存在感は抜群で、インスタ映えもします。

夏みかんの皮ごと切れば人数にも対応でき、甘いものを食べない方でも喜ばれること間違いありません。

金沢でのお土産では、芝寿し（しばずし）の「笹寿し」にしています。北陸新幹線のグランクラスでも大人気で、瑞々（みずみず）しい笹で包んだ伝統の押し寿司です。個包装なので職場などでも配りやすく、お茶請けにも最適。家庭でも、それだけで華やかな食事になるので喜ばれます。

このように、お土産を開けて食べるときの情景を思い浮かべて品物を選びます。

いずれにしても、相手の好みや暮らしぶりを知っていると選びやすくなります。日頃からアンテナを張っておくことはとても大切です。

以前に誰かに差し上げて喜ばれたものや、自分がもらったらうれしいもののリストを作っておくと、好みがわからないときにも役立ちます。

**土産を持って帰る、手土産を持って行く習慣は遠い先祖から受け継がれてきた遺伝子のような習慣です。**（現代のように、旅する機会が減っても）簡単に止（や）めるわけにはいかないでしょう。

感謝の気持ちを土産で表すことを、良い人間関係を築く機会としたいものです。

# 見送りは「残心」にあり。心を途切れさせないこと

「まだ見送っていてくださるよ」

京都のある老舗料亭へ行ったときのこと、女将を始め仲居さん、板さんまで七人も外で見送ってくださいました。ちょっと心苦しくなるくらい丁寧でした。

もちろんお料理も設え(しつら)も、すべてに心がこもっていました。

見送られながら「ありがとうございました。もう中へお入りください」の心を込めて振り返って礼をし、いいお店と知り合えた幸せを感じたものです。

禅の言葉に「出迎え三歩、見送り七歩」という表現があります。

**出迎えよりも、見送りに心遣いをしっかりしなさいということです。**

「有終の美を飾る」「終わり良ければすべて良し」の言葉通り、初めより締めくくりを重視し余韻を残すことを大切にしました。

また、茶道に由来する有名なことわざに、「一期一会」があります。

これを世に広めたのは、茶人としても有名な幕末の大老、井伊直弼でした。井伊直弼は、茶事がすんでから客の姿が見えなくなるまで見送り、さらにその後、客をしのんでお茶を点てて、ひとり静かに飲んだというのです。

私の呉服店でも、できるだけみなでお客様を外までお見送りすることにしています。というのも、名残惜しくてみなが外まで付いて行ってしまうからです。大抵はきちんとおじぎをした後、手を振っています。

あるとき、初めてのお客様がニコニコして親しげに来店されました。「なぜ当店へ来てくださったのですか?」と聞いたところ答えは意外なことでした。「この店って何?　見送っている人たちがフレンドリーで、一度入ってみたかったんです」と言われました。お店の前を車で通る度に、よくお客様を見送っている場面を見ていたそうです。**思いもしないところで気持ちが伝わっていたのだと**

**びっくりしました。**

個人の自宅でも同じです。お客様を玄関の外まで送り、マンションではエレベーターホールまでご一緒し、姿が見えなくなるまで見送りたいものです。

ただし、見送りは形ではありません。デートの帰り道、恋人との別れ際が寂しくて離れがたいのと同じです。そのような気持ちが自然に表れた行動なのです。

**武道において重要な心構えとして、「残心」があります。技を放った後も心を緩めず注意や緊張を一定時間保つことです。**

別れた後も心を途切れさせず、相手を思い楽しかった時間を味わう気持ちを大切にしたいものです。見送りは「また会いたい」という思いを届けることです。

# お金に〝着物〟を着せなさい

お金や品物を渡すときは、必ず紙に包んだり、封筒に入れたりしました。「お金にも着物を着せなさい」と、きつくきつく両親から言われて私は育ちました。

こうした**「お金を渡す」という行為は、「支払う」「お金を与える」ことではなく、相手に敬意を払い、感謝の気持ちを表すことだからです。**

欧米でのチップなら、食器の脇に置きます。ですが少し前までは、むき出しでお金のやり取りをするのは無作法とされました。

最近は、サービス料として会計時に含まれていることが多いので、ほとんどしなくなりましたが、以前は旅館や料亭で部屋に通され、仲居さんがご挨拶されたら「お世話になります」と心づけをぽち袋に入れて渡しました。ぽち袋がないときは紙に包みました。

私は、いまでも会費を出したり、とっさにお礼を渡したりするときのために、バッグの中にはぽち袋と封筒はいつも入れて持ち歩いています。

品物やお金の包み方は「折形（おりかた）」と呼ばれて、古くは朝廷の儀式などに公家の礼法として継承されてきました。室町時代になると、格式ある武家の教養として取り入れられ、和紙を用いて包むものとして確立されました。江戸時代には一般にも広まって「折り紙」の原型となり、芸術ともいえる上品な美しさになりました。

折形のうち、お金のやり取りに用いられたのが「金子包」です。現在の金封はそれを簡略化したものです。

ぽち袋も金封の一種です。「ぽち」は小さい、少ないの意味の「ぽっち」が元といわれ、**祝儀や心づけなど少額のお金を渡すときに用います。**

「紙を粗末にしたら、あの世で紙の橋を渡ることになる」

京都のおばあさんは、言い伝えを教えてくれました。死後七日目に三途（さんず）の川を渡るとき、生前に良い行いをした人は渡船で、良い行いも悪い行いもしなかった人は泳いで、悪い行いばかりした人は紙の橋を渡るというのです。

また、「洋紙は墨を吸収せえへん、反発するけど和紙やったら墨をちゃんと吸収してくれる」「洋紙は光を通さへんけど、和紙は光を通す。だから人の言うことを吸収し、光（教え）を通す和紙のような生き方をせなあかん」と話してくれました。

**大切な和紙を折ってお金を包む行為は、単に中身をまとめたり、見えなくしたり、装飾したりするだけのラッピングとはまったく違います。**和紙の種類や包み方、結び方一つひとつに「意味」があります。

包むことは、お金だけでなく、気持ちも一緒に包み込むことなのです。

## 「礼装の正解」は、歴史と本質を知ることで見えてきます

「おしゃれな人」とはどんな人なのでしょう。

ひとりでどこかへ出かけるときなら自由で良いでしょうが、会う人や行く場所を無視して、キラキラしすぎたり、カジュアルすぎたり、周りを無視して自分だけの世界に浸るのは、けっしておしゃれには感じられません。

最近は時代の空気が軽やかになり、「抜け感」「ルーズさ」をうまく取り入れることがおしゃれだと認識されているようです。

しかしそれは、**きちんとしている前提があるから、抜け感が生きるのです。**

それでは、きちんとした装いとは何でしょう。

礼装には、格式の高い順に「正礼装」「準礼装」「略礼装」といった区分があります。

礼装の本質は、古代から人が神との共存を信じ、敬ってきたことにあります。日本の天皇家が神道の祭司の家であるように、世界の王族や貴族などの上流階級の家々は神事の中心的な家でもあります。

そこで、**化粧も香も服装も神事の際に神様に失礼にならないように、人間くささを消すもの、肌を隠すものとして発展してきました。**そして服の素材は自然の中でとれる上質のものであること。これが、神様への敬意の表現であり、礼装の起源なのです。

このことを知っていれば、**原則として礼装は胸元と腕が隠れ丈は長いほど、肌の露出が少ないほど格上の装いということになります。**

礼装とは、流行に左右されないシンプルで上質な素材を着ることです。大切な人との特別な席には、流行にとらわれない、上質な素材でデザインもシンプル、誰からも好感がもたれる、自分に似合う服を選ぶと良いでしょう。

**1** お買い求めいただいた本の名。

**2** 本書をお読みになった感想。

**3** お買い求めになった書店名。

市・区・郡　　　　町・村　　　　書店

**4** 本書をお買い求めになった動機は?

・書店で見て　　・人にすすめられて
・新聞広告を見て(朝日・読売・毎日・日経・その他=　　　)
・雑誌広告を見て(掲載誌=　　　)
・その他(　　　)

ご購読ありがとうございます。今後の出版物の参考とさせていただきますので、上記のアンケートにお答えください。**抽選で毎月10名の方に図書カード(1000円分)をお送りします。** なお、ご記入いただいた個人情報以外のデータは編集資料の他、広告に使用させていただく場合がございます。

**5** 下記、ご記入お願いします。

| ご職業 | 1 会社員(業種　　) | 2 自営業(業種　　) |
|---|---|---|
| | 3 公務員(職種　　) | 4 学生(中・高・高専・大・専門・院) |
| | 5 主婦 | 6 その他(　　) |

| 性別 | 男・女 | 年齢 | 歳 |
|---|---|---|---|

ホームページ http://www.sunmark.co.jp　ご協力ありがとうございました。

郵便はがき

料金受取人払郵便

新宿北局承認

8890

差出有効期間
2023年7月
31日まで
切手を貼らずに
お出しください。

169-8790

154

東京都新宿区
高田馬場2-16-11
高田馬場216ビル5F

サンマーク出版愛読者係行

| ご住所 | 〒 都道府県 | |
|---|---|---|
| | | |
| | | |
| フリガナ | | ☎ |
| お名前 | | (　　　) |
| 電子メールアドレス | | |

ご記入されたご住所、お名前、メールアドレスなどは企画の参考、企画用アンケートの依頼、および商品情報の案内の目的にのみ使用するもので、他の目的では使用いたしません。
尚、下記をご希望の方には無料で郵送いたしますので、□欄に✓印を記入し投函して下さい。
□サンマーク出版発行図書目録

礼装のルールを覚えることも大切ですが、それ以上にTPOに合わせる力を磨くことです。誰に会うのか、どこへ行くのか、どんなシーンなのか、そこで自分はどんな立場なのか、**その場の緊張度や主役を把握し、出席者と調和する装いを選ぶ力です。**

私たちはいくつもの役どころを生きています。仕事の顔、母や妻の顔、自分の親といれば娘の顔……。

その場での自分の立場や招かれた場所、その場の雰囲気に配慮する「愛あるTPO」がその人を輝かせるのではないでしょうか。母親として子供の行事に出るときなど、自らがその役どころを楽しむマインドは素敵だなと思います。

自分も「その場の雰囲気を作り出す一員である」ことを忘れず、思いやりをもって、その場にふさわしい服装を選ぶことです。

# 着物も作法も「折り目正しい」ことが最重要です

着物を畳むのは難しいことではありません。元の折り目の通り、山折り谷折りの筋に従って折っていけばいいのです。反対に、折り目を無視していい加減に畳むときれいに畳めません。箪笥（たんす）に入れておくうちに、中でプレスされて余分な筋やシワが付いてしまい、着たときに見苦しくなります。

**「着物を折り目正しく畳む」ことは、着物を着ることにおいてもっとも基本的な動作であり、心得です。**

この「折り目」とは、物事の区切りやけじめを表す言葉でもあります。

そのことから「折り目正しい人」とは、礼儀正しい、行儀作法がきちんとしている人のことをいいます。

挨拶がしっかりできる、相手に配慮できる、目上の人に正しく敬語が使える、そういった基本的な礼儀作法がきっちりできることを表します。**基本を無視して、いくら着飾ってみても美しくは見えません。**

高価な着物をまとっても、シワだらけでは素敵だとは思えないでしょう。どこかだらしなく見えてしまうものです。

着物は、着た後、温もりを取り去ってから畳みます。すぐに畳むと湿気が着物に残り、カビの原因になります。**じつは着物は虫に食われるより、カビの方が大敵なのです。**

畳むのが面倒だからと、着物をいつまでもかけておくのも止めるべきです。着物は表生地と裏地が縫い合わせてあるので長くかけておくと、表裏が離れて袋になりブクブクしてしまいます。また、縫い目を見えにくくするための「きせ」が緩んでしまい見苦しくなります。そうならないうちに着物を畳んで仕舞います。

幼い頃、岐阜の祖母は、商売が忙しい両親に代わって私を育ててくれました。体が弱かった祖母は、よくツルの折り紙をして遊んでくれました。初めはツルの形さえできればうれしかったのですが、ツルのくちばしや尾がキリッととんがらないと気持ちが悪くなりました。

それには折り紙の角を揃えてしっかり折り、一つひとつの工程をきちんと積み上げていかねばいけません。いい加減にやってしまって、後から折り目を直そうと思っても直りません。余分なシワも付いてしまいます。**そのときどき、手を抜かずにやることの大切さを教えてくれました。**

「畳む」には「折り返して重ねる」だけでなく、「積み重ねる」といった意味もあります。

礼儀作法は身に付いていないと、ぎこちないものです。それには誰も見ていなくても、**日常から手抜きをせずに基本的な心得や動作を積み重ねていくことです。**

それは誰かのためではなく、自分の毎日を丁寧に過ごすことにもなると思うのです。

# 化粧はただ美しくなるためにあらず

ある人気ユーチューバーは、化粧によってどんなタレントさんの顔にも見事に変身します。土台の顔はまったく同じなのに、化粧品とその技術の進化には驚くべきものがあります。

そもそも大昔、化粧は「よそおい」といい、魔除け（まよけ）でした。呪術的な意味合いが濃く、神に仕える巫女（みこ）でもトップの座にいる人しか化粧はできませんでした。赤色を顔中に塗りたくって、色の力を利用して相手を脅したのです。力の弱いものが強く化けて見せるための行為でした。

また、魔が肉体に入るのは穴からだと考えられていたことから、いまでも赤い口紅を塗るのはその名残という説もあります。

平安時代以降、赤化粧から白化粧へと変わっていきました。ひさしが長く薄暗い寝殿造りで顔を美しく見せるためでした。この頃に中国から「化粧」という言葉が入ってきて一般に使われるようになりました。

一方で、日本語にはもうひとつ化粧を意味する「けわい」という言葉があります。**室町時代に生まれた生粋の日本誕生の言葉で、「気を配る」と漢字で書きます。**「秋の気配を感じる」などという使い方をします。

しかしこれは当て字で、本当は「気・延い」、つまり気の広がりのことです。ということは、**はっきりとは見えないけれど周囲の様子から、美しさをなんとなく感じられる様子を表しています。**

むしろ香りや音、色、光、風といった実際に形のないものの方が近いのです。「化粧」という漢字とは大きく意味が違います。

かつて、「東洋の神秘」と世界中から賞賛された日本人モデルの故・山口小夜子さん。彼女は、切れ長の目、ストレートな黒髪、おかっぱヘアーでした。

モデルのオーディションを受ける度に「髪を染めてパーマをかけ、外国人メイクにしなさい」と言われつづけました。ですが、「日本人女性としての美しさを捨ててまでモデルになりたくない」と、自分のスタイルを変えることはありませんでした。彼女は自分らしさを表現し、際立たせることで唯一無二の存在になったのです。

この彼女のエピソードからも、化粧とは、周りに媚(こ)びたり、自信のなさを隠したりするためのものではないといえますね。

江戸時代中期に出された、武士の心得について説いた書物『葉隠(はがくれ)』。その口述者である山本常朝は、鏡を見ながら**一年がかりで自分の顔つきを直し、表情までも変えたそうです。**

自分らしさを知り、自分らしく生きるために鏡と向き合い、化粧をしてみませんか。

# 日本発祥の扇子は扇ぐためだけの物ではありません

扇子は、昔から縁起物として愛されてきました。広げると先が大きく広がることから、子孫繁栄の意味で「末広」と呼ばれてきました。また、その形が霊山として信仰されてきた富士山を連想させることにもよります。

**扇子は奈良時代に日本で誕生しました。** 当時は紙が貴重品であったため、僧侶や役人たちが木札の端に穴をあけて紐(ひも)で何枚も綴(と)じ合わせ、ノート代わりに使っていたものが原型とされています。

最初の扇は、長さ三〇センチくらい、幅二、三センチの薄い檜(ひのき)の板を重ねた「檜扇(ひおうぎ)」と呼ばれるもので、これはいまでも神社の巫女の舞などに使われています。

「扇ぐ」ことから「扇子」と名が付きましたが、貴族社会においては、扇子に和歌を書いて贈ったり、花を載せて贈ったりなど、雅なコミュニケーションや儀礼の道具としても重んじられました。

鎌倉時代になると日本の扇子は中国に渡り、やがて大航海時代には西洋に伝わっていきました。つまり、西洋の貴婦人たちが愛用したレースや羽毛の華やかな扇子は日本にルーツがあったわけです。それから三〇〇年後、エジソンが発明した白熱電球は、扇子の骨の竹を使って成功したという有名な話があります。

一方、中国に渡った扇子が室町時代「唐扇」として日本に逆輸入されました。それまでの日本の扇子は片面だけに扇紙を貼ったものでしたが、唐扇を真似てそれ以来日本でも両面貼りになりました。そしてこの頃に、一般庶民の使用が許されるようになりました。

「祝儀扇」といわれる儀礼用の扇子は、扇いで涼を取るものではありません。

**祝儀用、不祝儀用、茶扇がそれで、閉じたままで「結界」の意味を込めて使う**

**ものです。**

敬意を表すべき人や貴重な品に対して、一線を画し、へりくだるために扇子を前に置いて境界を作ったのです。

いまでも、留袖を着たときには帯の左脇に、黒塗りの骨に金と銀の地紙が貼られた末広を挿すのは必須です。武家の奥方が身を守るために左脇に短刀を挿していたのと同じ意味があると聞きます。右手で取り出しやすいように左脇に要（綴じてある部分）を下にして挿し、帯から二、三センチ出しておきます。

立ったままご挨拶するときには取り出して手に持ちます。畳の間では正座して要を右にして前に置き礼をします。

茶道では、挨拶時や床の拝見のときに茶扇を使います。扇子を前に置き、謙譲の意を表します。舞踊の世界では踊る前に必ず扇子を置いて一礼します。それは人間界と神との「境界」を示し、奉納の舞として神への敬意を表します。

日本舞踊のお稽古では、最初と最後にお師匠さんの前で姿勢を正して座り、扇子を前に置いて挨拶します。

私が昔、何回も注意されたのは扇子を置く位置でした。正座した膝のすぐ前に置いてしまうと手をつく場所がなく、きちんとおじぎすることができません。扇子は手が届く限り遠くに置き、肘を張らず手の平が「ハ」の字になるように畳の上に置いておじぎをすれば背中が丸くなりません。

このように本来扇子は、礼を示すための道具です。

**道具の持つ背景を知って扱うことが、道具への礼儀であり、美しい所作の第一歩です。**扇ぐための扇子が必要であれば、もう一本それ専用のものを持たれることをおすすめします。

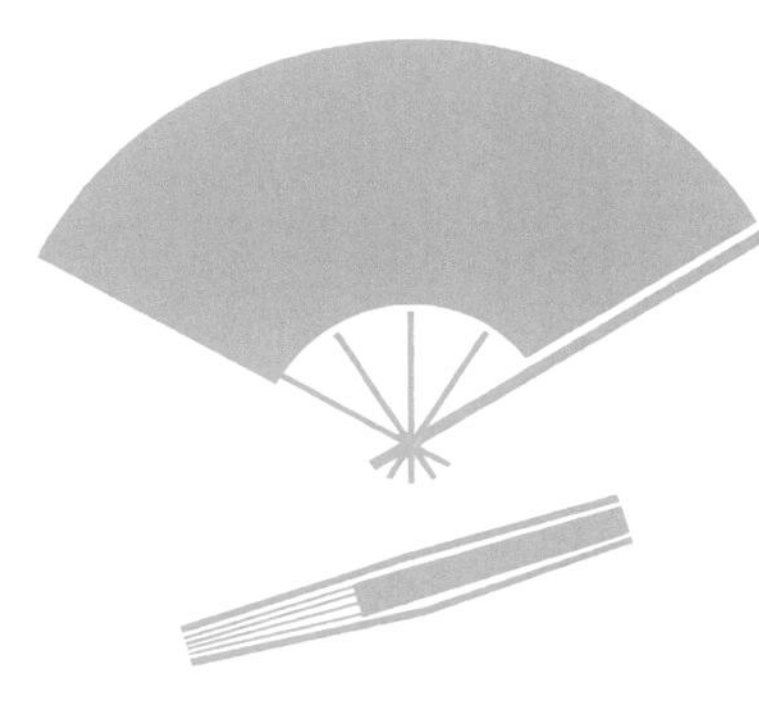

## みんないろいろで、みんないい。善からも悪からも学べます

人は、自分の居場所を探して仲良しグループを作ろうとします。

仲間はずれになることへの恐怖心から、仲間の目を一番気にします。そのルールを守ろうとして自分の気持ちに蓋をしたり、息苦しい関係になったりすることもあります。

正しいことは何か、自分は何をしようとしていたのかも見失うことがあります。

しかし、それでは世界はどんどん狭まっていきます。

二〇一九年に行われたラグビーのワールドカップで、ベスト八に入った日本チームのメンバーは国籍も文化も違いました。さまざまなルーツをもつ選手が「ワ

ンチーム」で戦う姿に感動したものです。**個人も組織も、多様性のあるものほど強いのです。**

人に対しても偏見をもたず、自分がいいと思ったらどのようなものでも貪欲に受け入れていきましょう。そうした姿勢で生きている人は、物事にも人にも幅広く接し経験も豊かになります。付き合っている人たちも、やがてさまざまな世界にまたがっていきます。こういう人たちはとても魅力的ですし、人間としても非常に強いでしょう。

日本には、本来さまざまな多様性を受け入れる土壌があります。

「八百万の神」といわれ、どこにでも何にでも神様が宿ります。「八百」とは数が多いこと、「万」は種類が非常に多いことを意味しています。海にも山にも、木にも石にも動物にも神様がいると信じられてきました。

「七福神」という宝船に乗っている神様は、七柱のうち六柱は外国から来た神様で、それぞれが個性あふれる取り合わせです。

**外から来るものを理由なく排除せず、好奇心をもって幅広く受け入れ、独自の**

## 世界を構築してきました。

私が、金沢の呉服屋での修業の後、実家の呉服屋へ帰って最初にしたことは、一軒一軒お客様のお家を訪問することでした。着物を売るためではなく、どのような人がどんな考え方をもって、どのような生活をしていらっしゃるのかを知るためです。

初めてのお家へ行くのを嫌がる人もいますが、私はいろいろな話を聞けるのがむしろ楽しみでした。お茶の摘み方や富有柿の作り方、病気になったときの対処法、盲導犬との生活……いろいろなことを、あたかも自分が経験したかのように知ることができました。

「自分以外すべて師と思って行けよ」

訪問を始める前に父は一言だけ言いました。**どんな人も自分が知らないことを必ず知っているから先生と思って素直な気持ちで聞いてきなさい**、という意味でした。その通り、いろいろな人から聞いた知識や知恵、そして誰からも学ぶ大切さを知ったことは自分の基礎を作ってくれました。

## ゼロトレ

石村友見　著

ニューヨークで話題の最強のダイエット法、ついに日本上陸！
縮んだ各部位を元（ゼロ）の位置に戻すだけでドラマチックにやせる画期的なダイエット法。

定価＝1320円（10％税込）978-4-7631-3692-3

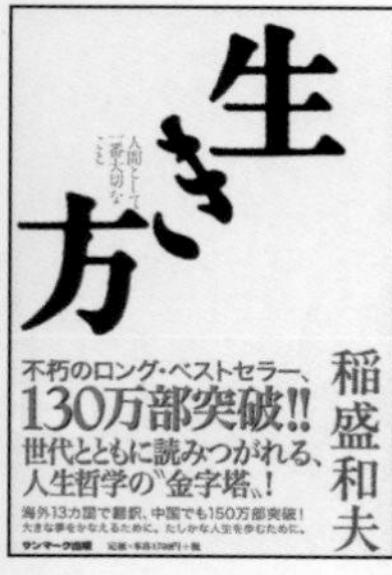


## 生き方

稲盛和夫 著

大きな夢をかなえ、たしかな人生を歩むために一番大切なのは、人間として正しい生き方をすること。二つの世界的大企業・京セラとKDDIを創業した当代随一の経営者がすべての人に贈る、渾身の人生哲学！

定価＝1870円（10％税込）978-4-7631-9543-2

スタンフォード式
最高の睡眠
The Stanford Method for Ultimate Sound Sleep
西野精治
30万部突破！
「睡眠負債」の実態と対策に迫った
眠りの研究、最前線！
睡眠本の超決定版！
テレビで大反響

## スタンフォード式　最高の睡眠

西野精治 著

睡眠研究の世界最高峰、「スタンフォード大学」教授が伝授。
疲れがウソのようにとれるすごい眠り方！

定価＝1650円（10％税込）978-4-7631-3601-5

子書店ですぐにご購読できます！

、honto、BOOK☆WALKER、COCORO BOOKS ほか

**すべての人から、どのようなことからも、善からも悪からも学べます。**

それは生きていくための糧となります。けっして、スマホで検索しても得られない財産なのです。

# 三章　食の品格

# 肝に銘じるべき食事の作法は「心遣い」です

人は昔から一緒に食べる「共食」を重視してきました。

結婚式の披露宴は、もともと平安時代の通い婚の名残です。当時は夜な夜な男性が女性の家へ通っていました。三日目の夜に、お餅を共食する習慣がありました。お餅を食べているときに、さっと屏風が開けられてその姿を見せるのが、披露宴の始まりでした。

また日本の神事で、もっとも大切な「大嘗祭」は、天皇が神と共食する儀式です。一般でも、お祭りや儀式の終了後に行われるのが「直会」という神様との共食です。

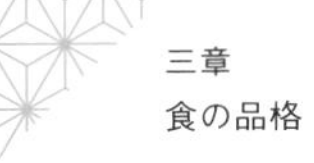



何を食べるかも大事ですが、一緒に食べることを大切にしてきたのです。

ですから、**楽しく食べるために、相手に不愉快な思いをさせないようにできたのが、食事の作法です。**

たとえば動物の食べる姿を連想させるような、食器を下に置いたまま顔をうつむけて食べることは「犬食い」といって嫌われました。もちろん、口に食べ物を含んだままおしゃべりしたり、食べる音が漏れたりするのも嫌がられました。どれも卑しい雰囲気が漂います。

京都のおばあさんは、私にさまざまなお稽古事をさせましたが、料理だけは習わなくていいと言いました。

「美味(おい)しいものさえ食べさせておけば口が覚えて、美味しいものを作るから」と、名だたる料亭へ連れて行ってくれたのです。おばあさんの後に付いて行けば、気後れするような老舗の料亭でも安心して入れました。

**和食の作法はほとんどが「箸使い」といわれます。**おばあさんの箸は鶴のくちばしのように洗練されていました。

魚の食べ方は芸術的なほどきれいで、残った骨などには添えてあった葉っぱを上にかぶせました。

**その行為には作ってくださった料理人さんへの「美味しかったです」という御礼、仲居さんへの食べた後の汚れで不快な思いをさせないようにという心遣い、そして命をもらった魚への感謝が込められていたのです。**

私はおばあさんに恥をかかせてはいけないと、必死で所作を真似(まね)ました。しかし、おばあさんは作法を注意したり教えたりすることは一度もありませんでした。

英国のエリザベス女王が、パーティーに招いた賓客がフィンガーボウルの水を飲んだのを見て、恥をかかせないために自らも飲んだという逸話があります。

それは多少作法が間違っていたとしても、食事を一緒に美味しく楽しむことを優先したのでしょう。おばあさんも、いちいち注意して私に不快な思いをさせないようにと、気遣ってくれたのだと後からわかりました。

親しくなることの表現で、「同じ釜の飯を食う」という言葉があるように、一緒に食べることで深い絆（きずな）がある仲間、家族となります。

**食事の作法は美しく食べるためのルールですが、形を守ることが大切なのではなく臨機応変に考える柔軟さが必要です。**

大切なのは、一緒に食べる人と仲良くなるための心遣いなのだということを肝に銘じるべきでしょう。

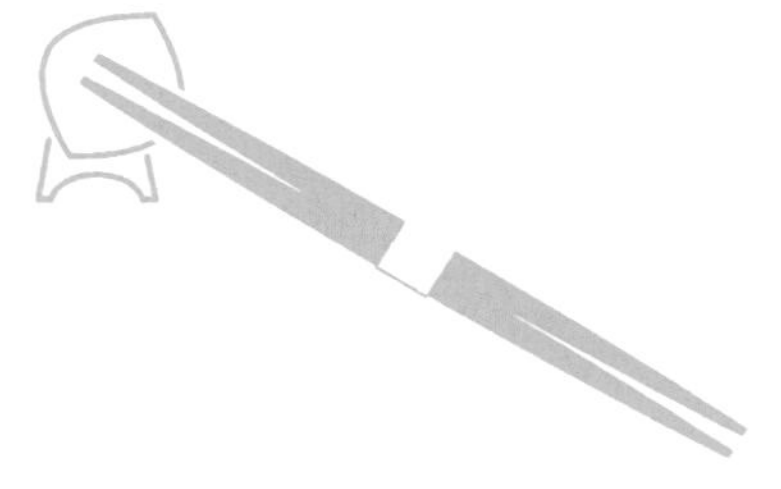

## 箸の使い方は「思いやりの検定試験」です

「箸さばきを見れば、その人の育ちや人柄がわかる」

こう言われるほど、**箸使いには作法があり、さまざまなタブーがあります。**

「刺し箸」は、食べ物に箸を刺して食べること。

「寄せ箸」は、器を箸で自分の方へ引き寄せること。

「移り箸」は、和え物などを食べた後、ご飯をひと口も食べずにすぐに煮物や焼き物を食べること。

「迷い箸」は、何を食べようかと箸を持ってあちこちに向けること。

「こじ箸」は、煮物などで、下にあるものを探り出すこと。

「ねぶり箸」は、箸を口の中に入れてしゃぶること。

この他にも、何十もの「嫌い箸」といわれる「やってはいけない箸の作法」があります。全部に気を砕いていたら、ご飯が食べられなくなるほどです。

箸は日本神話にも登場します。

スサノオノミコトが、高天原（たかまがはら）を追われて出雲の国に降り立ったとき、川上から箸が流れてくるのを見て、人が住んでいることを知った——このような話が『古事記』に書かれています。ここで書かれている箸は、一本の竹を半分に折り曲げたピンセット型の「折箸」です。折箸はいまでも神事に使われています。

**大和言葉で、「ハ」は物の両端を表し、「シ」は物をつなぎとめることを意味しました。**

そこで箸は、「他の命と自分の命をつなぐもの」とされました。また、箸先は人のもの、天（頭）の部分は神様のもので、食事の際には箸に神様が宿ると考えられていました。そのため、お正月には、両端が削られた「両口箸」を使います。

私は、使い終わったら箸袋に戻して箸袋の先を少し折っておくように教えられました。「ごちそうさまでした。この箸は使ってある箸です」と、気持ちを込めて返すのです。

きれいな箸袋に入っていると、万が一にもお店の人が新しい箸と間違えて他の方に持って行くかもしれないからです。

お箸の作法は、食べ物や料理してくれた人、運んでくれる人、そのお店にも敬意や愛情を表すための行為なのです。

## 不吉なことを連想させる箸のタブー
## ご注意ください。

和食の作法はほとんどが「箸の使い方」だと、先ほどもお話ししましたね。

箸使いのタブーは、「嫌い箸」「忌み箸」と呼ばれて七〇種類ほどもあります。「なぜいちいちこんな面倒なことを言うの？」「美味しく食べられればいいのに」と思われるかもしれません。しかし、人と一緒に食事をすることにおいて、もっとも大切なことは周囲に不快感を与えないことです。

**不快感の正体には三つあります。ひとつが見た目に美しくない所作、二つ目に物を大切にしない所作、三つ目は不吉なことを連想させる所作です。**

三つ目の中でも絶対にやってはいけないのが、葬儀を連想させる「仏箸」と「移り箸」です。

「ご飯に箸を立てるのは仏様にすることだよ」

幼い頃、ご飯が盛られた茶碗(ちゃわん)に箸をつき刺したことがあります。それを見た実家の祖母は、「それは『仏箸』といって死者の枕元に供える『枕めし』を連想させるからいけないよ」と教えてくれました。

枕めしとは、通夜に故人が生前に使っていた茶碗にご飯をてんこ盛りにし、その人が日頃使っていた箸を立てて枕元に置くことです。

それは仏になった死者への特別なご馳走です。普段は雑穀しか食べられなかった時代でも亡くなったときは特別に白米のご飯を高盛りにして、あの世へ旅立つ際の弁当としたのです。

日本では古くから、一生に三度だけ高盛り飯を出してもらえるといわれていました。一度目は生まれたときの産飯、二度目は結婚式の高盛り飯、そして最後が通夜の枕めしでした。

ただし、高く盛られたご飯に箸を立てるのは最後の枕めしだけでした。「この飯は他の誰にも分け与えない」という意味が込められています。

現世と死後の世界との橋渡しをするのが箸だから、葬儀では箸が重要な役割を果たしたのです。

**箸は文字通り「橋」に通じていて、人間同士、人と神、生きている人と死者、現世と死後の世界の「橋渡し」をすると考えられてきました。**

たとえば、夫が戦場に行ったとき、家を守っている家族はその身の安全と幸運を祈って夫の分も食事を用意し、それまで愛用していた箸を添えました。それを「影箸」と呼び、安全と幸運を祈ったのです。この箸が架け橋となって、願いは本人に届くと考えられました。

また、ひとつの食べ物を同時に二人の箸でつまむのは「拾い箸」と呼ばれて、重大なマナー違反です。葬式の際、火葬場で骨を拾うとき二人でひとつの骨を箸と箸でつまんで、骨壺（こつつぼ）に入れるところから、縁起が悪いとされてきました。死者の骨を拾うと、死の汚（けが）れが移る恐れがあります。それをひとりで背負うのは大変なことなので、二人で行って汚れや悲しみを軽くするのです。

食事の他にも、「着物を裏返しに着てはいけない」「着物を左前に着てはいけない」というのもみな、葬式で行うこととして日常生活で禁じたことです。いずれも「こんな不幸なことは稀（まれ）だ」ということを表現するため、**葬儀では「逆さ事」と呼ばれる普段と逆のことをして日常と**

**区別したのです。**

箸にまつわるたくさんのタブーも、その根底にある「理由」を知ることで、形が身に付くのです。

## 「左が上位」と覚えておけば間違いません

和食を配膳するとき「ご飯」と「汁物」、左右どちらに置くのでしょう。
また「お茶」と「お菓子」はどうでしょう。
どちらに置いても良いわけではありません。

**古来日本では右と左では「左の方が上位」、格が上とされてきました。**

ご飯は農耕民族にとって大切なお米ですので「上位」、汁物より格が上です。ですから、食べる人の左手の方に「ご飯」を置き、右手に「汁物」を置きます。同じように、お茶とお菓子では「お菓子」が主となるので左に、「お茶」が右となります。

「左が上位」とされる理由をめぐっては諸説あります。人間にとって、もっとも大事な心臓は体の左側にあるので、左が格上になったという説があります。また、御所で天皇陛下が太陽の方、南を向いて座られたとき、左手となる東から太陽が昇り、右手になる西へ沈みます。ここから太陽が出る方、左が上位となったという説もあります。

物事をすすめるとき、たとえばお茶を出したりビールを注いだりするときは下座、つまり相手から見て右側からすすめなければならないとされています。心臓がある左側からすすめないことで、敵意がないことを態度で示すためでもあります。

字を書く場合も同じです。もっとも簡単な「一」を始め、横線は左から右へ引きます。**「左から始める」「左を上位」とする、この原則が日本の礼儀作法の基本なのです。**

ですが、混乱する「こと」があります。

京都の地図を見ると右側に左京区、左側に右京区があります。京都御所の紫宸殿の前に植えられている「左近の桜」は向かって右側にあります。

じつは、反対ではないのです。上座下座を決めるのは、天皇から見たときが基準になります。天皇が南面して見たとき左側になるのです。

お雛様の左近の桜も同じです。同じ考えで、ステージの**上座も舞台側から見て左側となります。**

夏祭りなどで浴衣を着ている人の襟元を見ると、逆に打ち合わせているのをときどき見かけます。鏡を見て着たために逆だと勘違いしてしまったり、洋服が男女反対にボタンをかけたりすることから混乱していることが多いようです。

**着物は、男女ともに自分の左手側の身頃を上に重ねて着るもので、その反対に**

**着るのは死んだときだけです。**死装束は、あの世で死者と生者の区別を付けるためのものだといわれています。

ピンとこない人は着物を着たつもりになって、ふところに手を入れるしぐさを想像してみるとわかりやすいでしょう。

多くの人は右利きなので、右手をすっとふところに入れるには、着物の左身頃が前にきていないといけません。ふところに入れた財布や小物をさっと取り出すにはその方が便利だったのです。

「左が上位」。この原則ひとつ覚えておけば、どんなことにも応用できて迷いません。

# 美味しいだけではない「旬の作法」をお伝えしましょう

日本ほど、四季の移り変わりがはっきりしている国はそれほど多くはないでしょう。その移り変わりは、山野の色合いを一変させるほど際立っています。桜が散ると藤、そして紫陽花へと花の主役が変わっていくように、食材も一変します。その季節のエネルギーにあふれた食材を、「旬」として体に取り入れてきました。

たとえば、筍(たけのこ)は春が旬です。竹やぶでむっくり芽を出すと、あっという間に伸びて二週間後には皮も落ちて立派な若竹に早変わりします。

そこで、小さくて柔らかなうちに根の部分から土を起こして採ります。京都では筍は一月から二月のまだ寒い時期、地上へ頭を出す前に掘り出すのが一般的です。

筍は一日に何センチも成長するので夜は疲れています。一晩ぐっすり寝て、たっぷり休養した夜明けに朝掘りするに限ります。**掘ってすぐに午前中にゆでてしまうのが理想的です。**

筍は「竹かんむり」に「旬」と書きます。「旬」という漢字は「じゅん」とも読んで、一〇日のことをいいました。日本に入って「しゅん」と読まれるようになり、平安時代の宮中では天皇が毎月「旬」という儀式を催していました。

**食べ物には、まだ旬ではないけれど出始めの「走り」、盛んに収穫される「出盛り」、来年までお預けとなる終わりの「名残」があります。**

「走り」は季節の先取りをする意味で、めずらしさが何よりのおもてなしです。**初物をお送りする際には、ほんの少しだけ差し上げるのが昔からの作法でした。**

夏の初め、京都の親戚に近くの農家から初物の賀茂茄子（なす）が一〇個届きました。京都のおばあさんは、三つだけ親しい友人に届けました。「もうすぐ夏ですね」という季節のご挨拶でした。

**初物は、新しい季節の到来をひと口味わうことに価値があります。**出盛りを迎える賀茂茄子は、後から収穫されるものの方が美味しくなるに決まっています。だから、めずらしいうちに食べきれるだけをお裾分けしたのです。

料理でもてなすことを「馳走」とか「奔走」といいます。

江戸時代に著された武家の礼法などが書かれている『貞丈雑記』では、「馳」「走」「奔」の三文字とも「はしる」と読む字です。客人のもてなしに亭主が走り回って珍味を求め、食べ物の繊細なあんばいに心を尽くすことをいうとあります。

和食は、素材そのものの味を大切にします。**「ご馳走」とは、その季節の細やかな変化を食材で感じること。**

旬の食材には自然のエネルギーが満ち、それを体に取り入れることができます。また夏が旬の野菜には体を冷やし、冬が旬の野菜には体を温めてくれる効果もあります。

暮らしの節目であった旬の味も、温室栽培や冷凍庫、冷蔵庫の普及でいまは名ばかりになりつつあります。

わがままな胃袋と舌の欲するまま四季の味を無視ばかりしていると、ありがたい自然の贈り物が受け取れなくなるのではないでしょうか。

# なぜ「茶柱が立つと縁起が良い」のか、ご存じですか？

「茶柱が立つと縁起が良い」ということは全国的にいわれていますよね。

京都のおばあさんに聞いた話です。昔、花街のあるお茶屋さんは、立った茶柱をきれいに洗って懐紙に包んで大切に仕舞っておいたのだそうです。

そして、今後とも交際を続けていきたいお客様がお見えになったとき、その茶柱を入れてお茶をお出しするのです。先に、茶柱を入れてからお茶を注ぐと、見事に茶柱が立ちます。そこで「茶柱が立ちましたねえ」と言って、場の雰囲気を盛り上げ、話をより良い方向へもっていくそうです。

また、結納や結婚の相談というようなときは、「チャカス」といってお茶を出さない約束事があり、昆布茶を出します。ですが、食事の席には、もちろんお茶

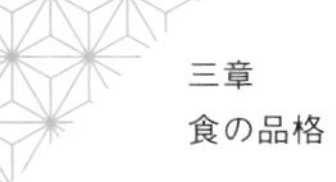



を出すことになります。このときに先ほどの茶柱を入れ、良き日を表現するという演出もしたそうです。

たった一本の茶柱がお客様を喜ばせ、場の空気まで変えます。近年、人工的に「立つ茶柱」が研究され実用化し、販売しているお店まであると聞きました。

**茶柱が立つと「縁起が良い」というのは、「めったにない」ことを喜んで「吉」の意味とするからです。**

古来、農耕民族の一番の願いは、稲がたわわに実りお米がたくさん収穫できることでした。その願いの実現を引き寄せるためにやっていたのが、じつは「お花見」です。

春に満開に咲く「桜」を、秋の「稲」の実りに見立てて、仲間とワイワイお酒を酌み交わしながら、〝先に〟喜びお祝いすることで願いを引き寄せたのです。

同じように、**「茶柱が立つ」ということもただ喜ぶだけでなく、もうひとつ踏み込んで「幸運を引き寄せる」方法として使用していたのです。**

逆に、めったにないことがあると「縁起が悪い知らせ」と思われていることも多いようです。たとえば、数珠が切れること。これは、縁起が悪いという人もいるかと思います。ですが、京都では数珠が切れると信仰が厚いということで、それだけ熱心に拝んでいるから切れたのだと考えるのです。

**不可抗力で自然発生的に起こったことについては、良い方に考えることで気持ちが明るくなります。**婚礼のときに雨が降れば、「縁起が良い」というのもこれと同じようなことです。

まず大切なことは何をするかではなくて、どんな心でそれを受け止めるかという「心の状態」です。不機嫌でいることは心がマイナスの状態なので、何をしても不満しか覚えず、結果も当然のごとく不運にしかならないのです。

茶柱が立っただけでも、プラスのフィルターで捉えれば、めったにない幸運です。運も不運も自分の捉え方次第。良い運も、自分で引き寄せられるのです。

## ヌードルハラスメント？日本だけではすする音も良し

ざるそば、そうめん、冷やし中華など、麺をすすって音を立てて食べる人が多いと思います。こういった行為は「ヌードルハラスメント」といわれ、海外ではマナー違反と批判されます。

日本人は、なぜ麺を食べるときにすするようになったのでしょうか。

日本人は食事中の動作すべてを一対の箸ですませます。食材をつまむ、切る、ちぎる、裂くなどの動作を箸のみで行います。箸を使って麺を食べる習慣のある他のアジア諸国では、匙（さじ）も使うのに、箸しか使わないのは唯一日本だけです。

日本でも平安時代までは匙がありましたが、麺が日本に到来する前に匙はなくなり箸だけになっていました。そこで、**汁は器に唇を付けて飲むようになりました。**

日本で匙がなくなった理由のひとつは、お椀が木製で熱の伝導率が低いので、中が熱くても手で持つことができ、唇を付けられたからです。直接汁が吸えるのですから、液体を運ぶ匙は必要なかったでしょう。

二つ目の理由は、古代の常食がモチ米など粘り気のある米だったことです。椀に残った飯粒を拾うのは匙では難しく、箸で少量ずつ口に運ぶ方がやりやすかったのです。先のとがった箸は、小さな食べ残しもきれいにつまめる優れものでした。

また、江戸時代の文化が、麺をすすって食べるようになったことに大きく関係しています。

江戸時代における江戸の街は、男性が八割を占める男社会。単身赴任の街でした。手軽な麺の屋台が大人気となり、汁ごとすするようになったといわれています。江戸での食べ方が広まると「それが粋」と、音を出して食べるのはかっこいいというふうに全国に広がっていったのでした。**音を立てることで、耳からも料理を楽しむことができると考えられたようです。**

落語のしぐさで代表的なものに「そばをすする」というのがあります。扇子を箸に見立て、〝ズズー〟と、何もないのに音をさせて食べた〝ふり〟をします。すると、目に見えるはずのないそばが見えてしまったりします。

「噛(か)んじゃ蕎麦の味がなくなる。つるつると咽喉(のど)を滑り込むところが値打ちだよ」夏目漱石の『吾輩は猫である』の一節にもこんな場面が登場します。

ここでも、やはり**〝飲み込む〟ことが「粋」ということになっています。**と同時に、汁は器に唇を付けてすすり上げていたのです。

最近は、麺に匙がついてくるお店も増えましたが、「郷に入っては郷に従え」、日本ではすする音も良しといたしましょう。

## そばは、うどんでは代用できない縁起物なのです

そばの実を原料に作られるそばは、日本を代表する麺類のひとつ。ヘルシーな食品として現在でも大変人気があります。

縄文時代の遺跡からそばの種がたくさん発見されているように、稲作よりも古く九〇〇〇年も前から栽培されていました。

今日のようにそばを麺で食べるようになったのは、江戸時代初期からです。

それ以前は、そば粉に熱湯をかけ練り合わせて食べる「そばがき」などが一般的でした。その後、薄く延ばして包丁で切って麺状にする「そば切り」がもてなしのご馳走料理として考案されました。

いまも続く「そば屋」が開店したのも江戸時代です。これが庶民に愛され、そ

ば屋がたくさん出現しました。

元禄時代から流行(はや)った「ぶっかけそば」と区別して、汁につけて食べるそばを「もりそば」と呼ぶようになりました。これはそばを高く盛り上げる形からついた名前で、**盛り付ける器が「せいろ」「皿」「ざる」で名前が違いました。**

「せいろ」とは蒸し器のことで、昔はそばをゆでずに、せいろで蒸して食べたので「せいろ」の名前があります。

私が着物の勉強でしばらくいた金沢市は、加賀百万石の時代から四〇〇年にもわたって金箔(きんぱく)の生産が盛んで、国内生産の九九パーセントを占めていました。

薄暗くこぢんまりした部屋で、約二グラムの金を畳一畳の大きさ、約一万分の一ミリの薄さにまで延ばしていました。金という高価なものを扱い、繊細な作業なので風で飛ぶのを嫌い、夏場の暑いときでも家を閉めきって汗だくで行われていました。

目に見えないほどの細かい金箔が仕事場に飛び散るから、埃(ほこり)といえども粗末にはできません。

「一年に一回しか掃除しないんだよ」

年末に一度だけ、**その金が混じっている埃を「そばがき」の団子にくっつけて集めたといいます。**

そこから、**「金を集める」と「掛け金の回収」をかけ、縁起をかついで掛け金の回収前にそばを食べるようになったのです。**

年越しそばを食べるようになったのは、そのげんかつぎが晦日(みそか)や大晦日にそばを食べるという習慣として広まったからという説があります。

また、細く長いそばにあやかり、長寿を願い家運が長く延びるように食べたともいわれます。

ですから、年越しそばは、食べ残すと苦労するといわれ、また年が明けてから食べるのは忌むべきこととされました。

最近は「引越しそば」を配ることがなくなりましたが「細く長くお付き合いください」「そばに参りました」とか「円(金)をつなぐ」などの縁起をかつぎ、引越しの際、近所へのご挨拶に用いたようです。

うどんも同じように長いのですが、そばの代用にすることはできないのです。

## 「懐石料理」と「会席料理」の違いを覚えておきましょう

日本料理のコース料理「かいせき料理」は「懐石」「会席」、どちらの字を書きますか?

懐石も会席も、日本料理の基本となる四つの料理「一汁三菜」を基にして、季節の食材を組み合わせたものです。一汁とは汁、三菜とは向付(刺身)、煮物、焼き物を指します。どちらも旬の食材を使って、できたての料理を出します。

**しかし、懐石と会席は、じつは同じではありません。その違いは三つあります。**

**その由来、料理の内容、出される順番です。**

懐石料理は、禅宗の修行僧が空腹をしのぐため、温めた石「温石（おんじゃく）」をお腹（なか）に当てていたことに由来しています。修行僧の食事は簡素で一日に一度だけなので、体を温めて空腹を抑えていたといわれています。**懐石は飢えをしのぐ程度の粗末な食事という意味でした。**

千利休がそれをアレンジして、抹茶を飲む前に食べる簡単な食事を「懐石」と呼ぶようになりました。抹茶が主なので、最初からご飯と汁物、向付が出されます。ご飯は「よく来てくださいました」という意味で、ひと口程度のごく少量が出されます。

**それに対して会席料理は、おもてなしの豪華な料理で見た目にも華やかです。**大勢が集まりお酒を飲むための料理なので、お通しから始まりご飯や汁物は最後となります。現在、私たちが食べる機会が多いのはこの会席料理です。

日本料理が他の国の料理と大きく違うのは、**小さな器のほとんどは持ち上げて**

**良いということです。**たとえば、刺身や天ぷらを盛ってある皿は持たないけれど、刺身の醤油皿や天つゆが入った器は持って食べます。

食べ物の方に顔を近づける食べ方は、「犬食い」といって嫌われます。また「良かれ」と思ってやりがちな「手皿」も間違いです。手皿とは箸でつかんだものから汁などが垂れないように、空いている手を受け皿のようにして添えることです。そうならないよう、小さな皿は持って背筋を伸ばして食べれば良いのです。

もうひとつ気を付けたいのは、**和食の席では料理が全員に配られてから食べ始めることです。**

雪がちらつく日、祇園のある料亭へ行くと、座敷には立派な志野の梅の柄の大皿が飾ってありました。部屋を飾ることを「設え」といいますが、ご主人が春を待つ気持ちを込めて飾ってくださったのだと思いました。

同じように、お料理の器に雪の結晶を表した「雪輪」が使われていたことにも、季節感を味わってもらいたいという思いを感じました。そうしたご主人の心遣いもうれしく思いました。

京都のおばあさんと料亭へ行くと、「お花がきれいに生けてはりますね」「いい香り」「彩りも素晴らしいですね」など、普段の言葉で素直に気持ちを伝えていました。

**「おもてなし」という言葉が日本文化の象徴のようになって一人歩きしていますが、日本のもてなしは一方的なサービスではありません。**込められた心に、客の側からも感謝を返す方向の気持ちのやり取りで完成するものです。

お料理を美味しくいただくだけでなく、そういった視点で見られたら和食の奥深さをもっと楽しめるのではないでしょうか。

# 四章　人生の品格

## お天道様が見ているものは「あなたの本気」です

「うそをついちゃダメだよ、悪いことをしたらいけないよ、誰も見ていないと思ってもお天道様がちゃんと見ているから」

明治生まれの祖母はいつも言いました。当時、「お天道様」が何なのかは理解できませんでしたが、誰も見ていなくてもけっして悪いことはしてはいけないのだと、心に染み付きました。

福沢諭吉は、息子たちへの教訓書『ひゞのをしへ』の中で次のように、お天道様について説いています。

「お天道様を畏れ、これを敬い、その心に従うべし。ただしここに言うお天道様

は、日輪のことにはあらず。西洋の言葉にてゴッド（God）と言い、日本の言葉に翻訳すれば、造物者というものなり」

諭吉は、お天道様を太陽ではなく、「ゴッド」とか「造物者」という言葉で表しています。それは宗教というより人知を超えた絶対的な存在です。さらに、こう続きます。

「お天道様の掟（おきて）と申すは、昔々その昔より、今日に至るまで、少しも間違いあることなし。麦を蒔（ま）けば麦が生え、豆を蒔けば豆が生え、木の船は浮き、土の船は沈む。（中略）されば、今、良きことをすれば良きことが報い、悪きことをすれば、悪きことが酬（むく）うも、これまた天道さまの掟にて昔の世から、間違いしこともなし」

これは、良いことをすれば良いことが起き、悪いことをすれば悪いことが起きる「因果応報」のことです。

またここから、良いことも悪いことも「するのは自分」で、誰も知らなくても自分は一部始終を知っているということもわかります。

ここからも私は、「お天道様が見ている」ということには、二つの意味があると思っています。ひとつは、「誰が見ていなくてもお天道様が見ているんだから悪いことをしてはいけない」という戒め。

もうひとつは、**「人生にはいろんなときがある。良いときもあれば悪いときもある。でもどんなときでもお天道様が見ていてくれる。誠実に一生懸命に生きていればお天道様はほっとかない。だから安心して自分の道を歩みなさい」**という意味です。

二〇世紀初頭の社会教育家・後藤静香の「本気」という詩があります。

「本気ですれば　大ていな事は出来る　本気ですれば　なんでも面白い　本気でして居ると　誰かゞ助けてくれる。」

一見、他力本願に聞こえる言葉ですが、本気で努力しつづけていると誰かが助けてくれる。この誰かは人のようでもありますが、私はお天道様が派遣してくださるように思えるのです。

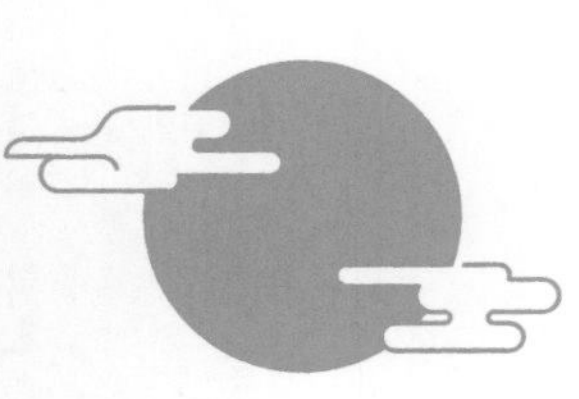

# 日本人独特の「水に流す」という知恵も覚えておきましょう

神社で神前に進む前に、ひしゃくで手水（ちょうず）を汲み、手や口をすすぐ。茶室に入る客は、つくばいの水で手を清める。

当たり前の手順のように行われているしきたりや礼法ですが、いずれも根底には罪や汚れ（けが）れを水で清めるということがあります。日本古来の「禊（みそぎ）」の思想によります。

禊とは、当初「死の汚れ」を洗い清めることを意味していました。

『古事記』によれば、イザナギとイザナミが国づくりをしている最中、妻のイザナミが火の神を産んで死んでしまいました。夫のイザナギが悲しんで黄泉の国へ迎えに行くと、イザナミは「汚れてしまった私の姿を見ないでください」と言って姿を消します。
待ちきれなかったイザナギが見たものは腐乱して、身の毛もよだつイザナミの姿でした。怒ったイザナミの放った追手を振り払い、逃げ帰ったイザナギは海に近い河口のあたりで禊をし、体を洗い清めたのです。

**この逸話は、禊によって過去にあったことをすべてなかったことにしてしまう、日本人独特の国民性の土台ともなっています。**

日本人にとって海は、神代の昔から汚いものを流し捨てる場所でした。
島国だったため、外敵に攻め込まれることもなく、身内だけの共同体を維持してきました。小さな閉じ込められた集団では、問題が起きたときに徹底的に追及するより、仲間内に禍根を残さない方が都合が良かったのです。終わったことは蒸し返さずなかったことにすれば、万事丸く収まっていきました。
「過去は水に流そう」とか、「あの議員は選挙で禊をすませた」といった問題解決も、穏やかで円満な人間関係を保つための知恵の産物でした。

**豊かな水源に恵まれた島国の風土がもたらした知恵は、良くも悪くも日本人の**

**忘れっぽさの原因になっていたのです。**

最近、合理主義が幅をきかせて「水に流す」のは問題をうやむやにするばかりだという議論が強くなってきています。**しかし、自分を正義の味方と位置づけて、悪を徹底的に追及しこらしめようとする考え方が本当に良いのでしょうか。**

水に流さず、追及しすぎる人ばかりになったとしたら、どんなにか息苦しく殺伐とした社会になることでしょう。

人間は、「白か黒か」「是か非か」で割り切れるような単純な生き物ではありません。「水に流す」とは「人を許す」ことでもあります。「誰にでも過ちはある、私にもあるかもしれない」と、「水に流そう」という気持ちが湧けば、長い目で人間関係を育むことができるのではないでしょうか。

## 自分と他人を分ける「結界」を守らない人は下品です

「畳のヘリを踏んではいけない」

このように、幼い頃から厳しくしつけられました。

畳の原型は、雛壇（ひなだん）のお内裏様の下に敷いてあるひとり用の台で、座布団や寝具の役割を担っていました。

室町時代、部屋全体に畳を敷き詰め、ヘリに家紋を入れるようになると、ヘリを踏むことは「親の顔を踏むようなもの」と戒められました。

畳は「起きて半畳寝て一畳」といわれるように、人がひとり暮らすための最小の空間とされ、ヘリは空間を区分けする境界にあたる「結界」と考えられました。

**その境界は、あちら側でもこちら側でもない曖昧で不安定な場とされ、危うい**

## ものと恐れられました。

茶室への入り口「にじり口」も、聖なる茶室と日常空間を区切る結界です。にじり口を通ることで、中へは身分の違いや日常を持ち込まず、茶室内では平等だとしたのです。

落語では、噺家（はなしか）が高座に上がり座布団に座り、扇子を前に置いておじぎをします。扇子は結界で、こちら側で起こっていることは現実のことではないと表した後、羽織を脱いで俗な噺の本題に入ります。

商家における帳場格子も、帳場と客とを区切る結界であり、「のれん」も下げることにより往来と店とを柔らかく仕切りました。「襖（ふすま）」「障子」「衝立（ついたて）」「縁側」なども、空間を区切る結界です。

平安時代「御簾（みす）」は、室内に光や風を取り込みながら、男女の間では結界の役目も果たしました。御簾や几帳（きちょう）の向こうは、私的な空間です。扉もなく中の気配もわかるのに、一枚の布や簾（すだれ）がプライバシーの砦（とりで）となって男性は容易に入れない、恋の駆け引きの境界線でもあったのです。

このように、**厳しく結界を守ってきた歴史の中で、精神においても結界を作り、自分を守る考え方が根付いていきました。**

精神的にも、結界を越えて他人の領分に入り込むのは下品とされました。「他人のプライバシーを詮索しない」「自分の考えや価値観を押し付ける」「相手に恥をかかせる」……など、いまでもマナー違反とされるのは結界を越える行為だからです。

**反対に失礼な相手には毅然とした態度で応じる、それは相手にも結界を越えさせない作法です。**

「畳のヘリを踏んではいけない」としつけられたのは、単に物理的な理由だけではなかったのです。意識レベルで人との境界を設け、むやみに他人の領分に立ち入ってはいけないという教えだったのです。

畳のヘリは、お互いの立場やあり方を認めコミュニケーションをはかることの重要性を物語っています。

# 「変えてはいけないもの」を決めることが「生き方」を決めるのです

「なんてセンスが良い神社なのでしょう」

神社にセンスが良いという言葉は似合わないのですが、ついそう感じてしまいました。そこは、熱海の來宮（きのみや）神社です。緑の木々に包まれた心地よいカフェやショップでは、神社にいるのを忘れるくらい素敵なひとときでした。

じつは、一〇年前までは参拝客が少なく運営が苦しい時期があったそうです。宮司が新しい取組みをする上で考えたのは、**「変えていいものを変えるより、変えてはいけないものを残すこと」**でした。神社は神様、神事、伝統文化の三つさえ変えなければ、他は変えてもいいと改革したのです。

カフェで出す珈琲（コーヒー）は豆から作られるため、「魔（ま）を滅（め）す」と捉えることができ違和感はありません。参拝に来る人は、一〇年間で五倍にもなりました。驚くべきことに七割は若い女性です。

呉服屋の築一八〇年以上の離れでさえ、維持することは難しいです。長い間には地震などで傾きます。建具も歪みます。

古い建物を直すには、直したことがわからないように手を加えなければなりません。「直しても、そう見えないのは甲斐がない」と母は嘆きます。でも少しずつ手を入れていかなければ、気がついたときには壊さねばならなくなるのです。

比叡山延暦寺には一二〇〇年絶えることなく守られている「不滅の法灯」という光があります。中国から仏教を伝えた最澄が、「迷い」という闇を照らして人を導くものになりますようにとの願いを込めた光です。「灯」とはお灯明のことで、「伝灯」とは、師から弟子に教えが絶えることなく伝えられることを意味しています。

明治時代に政府が、仏教色が強すぎるということで「伝灯」を「伝統」という文字に変えました。「統」の字に変えたことで、糸を紡いで一本にまとめるという意味に変わってしまいました。

不滅の法灯も、守り伝えるために欠かすことのできないことは、「新しい油を注ぎ続けること」です。常に新しい油を注ぐことで、ずっとつながっていきます。

しかし、たった一瞬でも油を注ぐことを怠ってしまえば火は消えてしまいます。**一度失われてしまえば途絶えます。ですからそれを「油断」というのです。**

最初の「志」をつなぎ守っていくには、常に新しい油を注ぎ足すことが必要なのです。「伝統の灯を消さない」という言葉の本質もそこにあるのです。

私が受け継いだ呉服屋の本店がある揖斐はかつて城下町として栄えました。しかし、人口減少と高齢化にいち早く直面しました。

店を守るだけなら商品アイテムを増やし何でも屋になれば良いことです。しかし、着物という文化を伝えていく使命があります。「ならばいままで以上に着物に特化してより専門化する」として、父は出店する道を選びました。

**「変えてはいけないもの」は、店を継続させることではなく、店を大きくするこ**

**とでもなく、「着物という文化を伝えていく」という使命感でした。**

時代が変化していく中では、否応(いやおう)無しに人の暮らしも考え方も変わっていきます。そんなとき、「変えてはいけないもの」を決めることで、生き方の芯ができます。後は時代に合わせてしなやかに変わっていくことです。

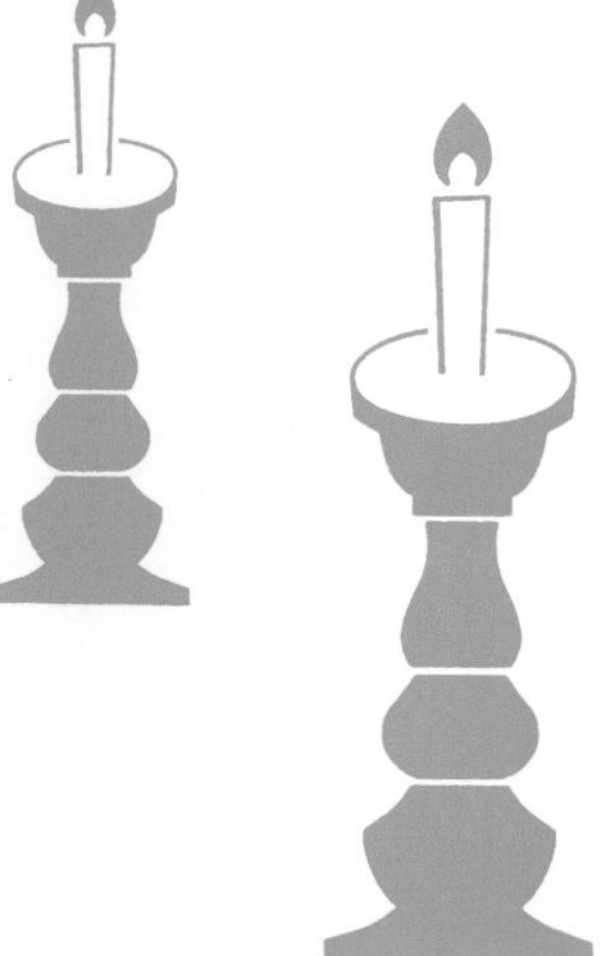

## 「耐える」「がまん」が美徳なのは、爆発的な力が凝縮しているからです

かつて平均視聴率五二パーセント超えという、驚異的な数字を記録したNHK連続テレビ小説の「おしん」というドラマがありました。これに象徴されるように、昔は「耐える」ことが美徳でした。

同じ意味をもつ「しのぶ」という人名も人気でした。

どうして、耐え忍ぶことが美徳なのでしょう?

**耐え忍ぶことで内部に力が凝縮し、ついには大きな力となって爆発すると考えられたからです。**

力を蓄えるといえば、その最たる象徴は「能」です。

能は見ていてもよくわからない退屈なしぐさが延々と続きます。何しろ能は徹底的に動作を省略し抑えます。手を目の前に持っていけば、それで泣いたことになり、舞台を一周すれば、京都と東京の間を歩いたことになります。

いったいなぜあれほど動作を節約するのでしょう。

それは、**すべてを抑えて抑えて振る舞うことで、力が役者の体の内へ内へと入り込む**と考えられたからです。名人を見ていると体全体が力の塊になっています。能の美しさはこの「抑制の美学」です。

一方で、いまや小学生の頃から「思ったことをはっきり言いなさい」としかられます。とかく現代ではがまんが流行(はや)りません。「耐える」「しのぶ」はいつの間にか死語になってしまったかのようです。

思い出してみると、祖父の弟も尋常小学校を卒業後(いまの小学校四年生)に京都の呉服問屋へ奉公に出て、朝早くから働き仕事を身に付け、二〇代早々で独立創業して大成功しました。のちに「若い頃の苦労は買ってでもせよ」と笑って語るのを見て、耐えて努力した人の重みを感じたものです。

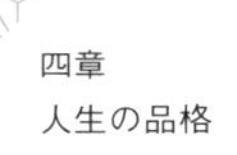



**昔の教育における「がまん」は、実力の蓄積にありました。**

現代とは社会情勢もまったく違うので比べようもありませんが、間違いなくおじいさんは輝いて見えました。

テニスの全豪オープンで大坂なおみさんが優勝しました。超スピードのサービス、コートの端ギリギリを攻めるショットは素晴らしかったです。

しかし、大坂さんでも初めからいまのようにうまかったわけではありません。グラウンドを走り込み、筋力アップのトレーニング、素振りなど想像を絶する努力を積み重ねてきたはずです。うまくなるために苦しくても、面白くなくても、結果が見えなくても耐えてやりつづけたからこそ今日があるのです。

優勝会見で謙虚にみなに感謝する大坂さんを見て、おじいさんの輝きを思い出しました。それは見えない努力を重ねた人の内からにじみ出る輝きでした。

植物も冬のうちに十分なエネルギーを蓄えたのち、芽を出し、葉を伸ばします。

**努力と結果はけっして正比例しません。S字カーブを描くのです。**じっと土の下で準備しているうちは何も変化が見えません。エネルギーを溜めた後、春になるとグッと芽を出します。ある時期まで見えないところでじっとがまんして力を溜めているのです。

いつも努力が素直に報われるときばかりではありません。初めから思い通りに成功できるばかりでもありません。努力が報われなくても、耐えて続ける粘り強さをもう一度見直すことが必要なのではないでしょうか。

## 照れで感謝が伝えられないのは、感謝していないのと同じです

「夫婦は空気のような存在」といわれます。

「いることが当然で、いないと困る」「一緒にいると安心できる」という意味です。しかし、空気のように大切な存在なのに、何も感じなくなるのは危険です。

友人として知り合った頃は、苦手であっても会話をして相手のことを知ろうと努力します。遠慮もしていますから、自然と自己主張もしません。

初めは相手の短所が見えにくいのですが、時が経つとさまざまなことに気づきはじめます。夫婦として一緒に暮らしていくためには、自分をさらけ出さざるをえないし、相手がさらけ出したものをすべて受け入れていかなくてはならなくなります。

だんだん慣れていくうちに相手に対する心遣いを忘れます。いちいち話さなくても、お互いに「こんなものか」と勝手に推測してすませてしまいます。

私も、出張に出かけた夫がその都度土産を買ってきてくれるのに対して、初めのうちは「ありがとう」を伝えていたのに、だんだん慣れて、ありがた味がなくなっていつの間にかその一言を言わなくなってしまいました。きっと夫はがっかりしたのでしょう。そのうち、土産は買ってきてくれなくなりました。

感謝の気持ちが薄れ、相手は自分の思うように動くのが当たり前になってしまうのです。感謝の気持ちはもっていても照れ臭くて言えない人もいます。**照れは「まあ、いいか」という自らに対する甘えで、感謝していないのと同じです。**

「ありがとう」は「有り難し」がもともとの言葉で、「有ることが難しい」という意味です。神や仏の力でありえない奇跡が起こったときに、「ありがたし」と手を合わせて拝みます。

平安時代、清少納言が書いた随筆『枕草子』には「ありがたきもの」と題して「舅(しゅうと)に褒められる婿」「上司の悪口を言わない部下」「欠点のない人」などが「ありえないもの」として挙げられています。

知り合っただけでも奇跡のように「ありがたい」ことなのに、夫婦として生活を共にする人との縁は深い関係です。強い絆(きずな)で結ばれた運命共同体です。

初めて会ったときの情景を思い出してお互いの人格を認め合えば、感謝したり反省したりするきっかけにもなります。**感謝する理由が見つからないのは、見つけられない自分の過ちです。**

「ありがとう」は言われる側だけでなく、言っている本人も心地よい気分になるという不思議な力をもっています。常に顔を合わせている夫婦だからこそ、原点に返って「ありがとう」の気持ちを言葉にして伝え合うことは重要です。

一番身近な夫婦の間で、日々きちんと感謝の気持ちを伝えることで、社会においても良い人間関係を長く保てるようになるのだと思うのです。

## 仕事で存在感を出したければ、無色透明になりなさい

現代人は「はっきりものを言いなさい」「主張すべきことは主張しなさい」という教育を受けています。会社でも「自己主張」することが評価されます。能力が自由に発揮でき、ストレスも溜まらないということなのでしょう。

そのため言いたいことを言い、遠慮なく指図する人ばかりが目に付きます。反対に、がまんしていると自分だけ取り残されてしまうのではないかと錯覚してしまいます。

自分の意見を主張しないと、自分の「存在感」はなくなるのでしょうか。いえ、**「存在感」とは、あえて存在を感じさせない無色透明のものではないでしょうか。**

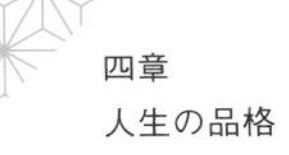



その典型が文楽の人形遣いです。名人と呼ばれる人形遣いほど舞台の上で姿が消えるのです。

二〇〇六年に亡くなった人間国宝・吉田玉男さんの舞台では、人形が現れると劇場全体の空気が凛（りん）となり、いつの間にか吉田さんの姿が見えなくなりました。足を操って一〇年、左を遣って一〇年、その後も何十年と続けられた自己鍛錬が人形遣いを「見えない存在感」へと押し上げていくのです。

一見、時間を切り売りするだけの仕事、誰でも採用されそうな職種、誰でもできそうなことでも、**与えられた場で最善を尽くそうとする努力と工夫で結果は大きく変えられます。**

たとえば、雑用をずっとやらされていた女性社員が、その後社長付秘書になった例があります。

みなが評価したのは、職種や仕事の内容ではありません。「言葉」でもなく「行動」です。人間は相手がどれくらい行動するかで本気度を見極めます。

「自分らしく生きよう」「自己実現をしよう」といった考えは捨て去っても、存在は薄れません。

花の種は落ちる場所を選べません。そこで枯れるか、芽を出すか、花を咲かせるかは自分次第です。どんな場でも懸命に咲く花は、自分から主張しなくても自ずと美しいと認められるのです。

## しつけ糸には、そこに込められた子育ての教訓があります

ファミリーレストランで、はしゃぎ回る子供がいます。

一方で、ホテルなどでは子供がいることも忘れさせるほど静かなことに驚きま

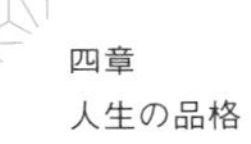



す。そこにいる子供は、同じくらいの年なのにどうしてこんなに違うのでしょう。**「子供の元気が良い」のと「子供が身勝手に振る舞う」のとは意味が違います。**「他人に迷惑をかけない」ことは、子供のときに身に付けるべきもっとも大切なことでしょう。

うちの裏山には、西美濃三十三霊場の「播隆院一心寺」というお寺があります。お彼岸には地獄絵図の軸が掛けられ、子供が親と一緒に見に行く習慣があります。「悪いことをすると死んだ後こんな目にあうんだよ」と親が子供に諭し、子供は悪いことはしてはいけないと心に誓うのです。

私も、春と秋の彼岸には、必ずおむすびを持って親や祖母と行きました。

一三幅の軸のうち一二幅にはさまざまな地獄の様子がおどろおどろしく描かれています。極楽の軸はたった一幅だけで、後はすべてさまざまな地獄ばかりです。子供心に天国なんてめったに行けるもんじゃない、恐ろしい地獄ばかりが待っていると思えました。

「しつけ」という言葉は、子供を正しく育てる意味で使われる言葉です。「躾」という漢字を書き、「身」と「美」で「身のこなしを美しくする」と解釈できます。**中国由来の漢字が多い中で、この字は日本で作られたものです。**

この「躾」とは、本来着物の縫い方「仕付け」からできた言葉です。

着物は、本縫いをする前に裾や袖などの縫い目を整えるために「しつけ糸」という切れやすい弱い糸で大雑把に縫っておきます。

裁縫において仕付けはとても大切で、ここで手を抜くときれいに仕上がりません。仕付けをした後、丈夫な糸で本縫いをします。初めから強い糸でキチキチに縫うのではありません。本縫いができたら、しつけ糸は着るときに取り去ります。

「三つ子の魂百まで」ということわざは、幼い頃に体得した性格はいくら年を取っても変わらないという意味で、それは現代心理学でも支持されています。その時期は、「他人に迷惑をかけない」「善悪の判断をする」など人として大切なことを教える時期です。

厳しくしかるだけではいけません。子供の個性をなくしてしまいかねません。

幼いときは「あなたは大切だよ」と、愛情たっぷりに育てることが重要です。愛情をかけて育てられた子供は、非行やいじめにもあいにくいといわれています。

**大きくなったら子供の自主性に委ね自立させます。いつまでもしつけ糸が付いたままで着ていたら、一人前の大人として自立していないことを表しているようで恥ずかしいことです。**

しつけは、子供が一番信頼している親がすべきです。先生や社会ではありません。「品格」は育ちだといわれるように、品格ある大人に育てることは親の役目でしょう。

そして、まずは子供を正しく育てられる親であらねばなりません。

# 自分にとって価値あるものと暮らすということ

珈琲の素敵な香りに誘われてふらっと入った喫茶店は重厚な空間で、いかにもマスターの趣味の良さを感じました。

飴色(あめいろ)の銅のポットから一筋の糸のようなお湯が静かに注がれ、入れられた珈琲は素敵な時間の記憶として刻まれました。

「あのときのポットだ」

その光景が甦(よみがえ)ったのは、新潟県燕市の玉川堂へ行ったときのことでした。金属の塊を職人が、木槌(きづち)でコツコツと規則正しく幾万回も打ってポットに仕上げていました。

職人が命を吹き込んで作り上げたものが使い手に渡り、時を刻みます。そして、

**その手の中で艶を増し、色を深め、いつしかその人だけの唯一無二の物になっていきます。**

お茶やお花の師範だった京都のおばあさんは、陶器にも目利きでした。あるとき、私が手を滑らせて李朝の古美術品のお皿の一枚を割ってしまいました。おばあさんは「気にしなくていいよ、形あるものは必ず滅びるのだから」と言ってくれました。しかし、そのときのひんやりとした気持ちはいまも心に刺さっています。

どんなに大切に扱っても毎日使えば割れるかもしれない、貴重な戒めとなった苦い経験です。

しかられなかったからこそ、どうすれば割れなかったのだろうと真剣に考えました。より一層、どんな物も大切に扱うようになりました。代償はあまりにも大きかったのですが、あのお皿のおかげで自分を高めることができました。

**逆に考えれば、いい加減な物を使いつづけることは「高級な物は私にはもったいない」「安物が私にはお似合いなの」と、無意識に言い聞かせていることにな**

**ります。**

乱暴に扱っても気にならないので、どこまでもその扱い方は雑なままです。

京都の町家に店を作ったとき、「ここにはいわれのある物だけを置こう」と決めました。**高級でなくても、自分にとって物語のある物だけと暮らそうと思いました。**

捨てる前提で、短期間だけしか使わない間に合わせの物、出来上がった次の日からその価値が日一日と失われていく物はそもそも買わないことにしています。

職人たちが心を込めて作った物や、大切な思い出の品に敬意を払いながら使う日常は、毎日を丁寧に過ごすことにつながります。

それは物だけでなく、自分も他人も大切にすることではないでしょうか。

# 余白は人の価値すら高める重要なスペースです

欧米では、科学で説明できるもの、目に見えて手で触れるものを重視する傾向があります。

そのせいか、欧米の邸宅や家庭では客間や居間の壁はたくさんの絵画や肖像画、家族の写真などで埋め尽くされています。暖炉や壁際に置かれた机の上にはさまざまなガラス製品や陶器が置いてあります。カトリックやギリシャ正教の寺院、そしてイスラム教のモスクでも、壁から天井までが一面の装飾で覆われています。

それに比べて、日本のお屋敷では座敷に入ると驚くほど簡素です。

装飾品らしきものは、床の間の一幅の掛け軸とひっそりと生けられている季節の花だけです。後は襖に描かれている絵と、長押に置かれた由緒ある方の横長の額がある程度。

どこを見ても空白だらけの、がらんとした何となく物足りない感じさえする部屋が普通でした。日本の神社も白木造りのまま、装飾どころか塗装すらもほとんどありません。

ところが、日本の邸宅にはたいてい大きな蔵があって、貴重で高価な書画骨董を始めとするさまざまな品物がたくさん仕舞われています。

**その中から、季節や来客の好みなどを考えてひとつだけ取り出して飾り、後は見る人の想像と教養に任せるという仕組みだったのです。**

墨絵にもたくさんの余白があります。そこには何も描かれていませんから描き残しに見えるかもしれません。

たとえば鳥を一羽描いただけの墨絵では、余白は森か空か見る人の想像力をかきたてます。飛び立とうとする躍動感まで抱かせます。すべてを描くのではなく、無駄を削ぎ落とすことでむしろ空間や時間が広がります。

**茶道や華道でも「間引く」という精神がありますが、周りにたっぷり余白をとることで、むしろ主役が引き立つのです。**

高級ブティックや美術館で物が少なく、余白が設けられているのと同じです。視界に入るものが減ることで、明るくて開放的な空間になります。

余白とは結果的に余ったスペースではありません。**不要なものや情報を削り意図的に「あえて何も入れずに空白で残す」ことです。**

それによって、本当に大切なものは何かをくっきりと浮かび上がらせます。スケジュール帳にも余白をあえて入れることで、時間にも心にもゆとりがもたらされます。

余白というゆとりは、人の価値も高めることになるのではないでしょうか。

## 不運こそ最大のチャンス。ですが、何を引き出すかは自分次第です

日本経済新聞の人気コラム「私の履歴書」には、いろいろな分野で成功を遂げた人の物語が連載されています。人生の成功者がどのような言葉をもっともよく使うかを振り返ってみたことがあったそうです。

結果、当初の予想は大きく外れていました。

「がんばって」とか「気持ちをしっかりもって」とか、自分の努力を思わせる言葉が多いと考えられていました。**意外にも「たまたま」「折良く」「運の良いことに」などという、偶然の運の良さを表す言葉がもっとも使われていたのです。**

つまるところ、私たちの人生はすべて出会いです。お金や物ではありません。

人との出会いを通じて人生はどんどん変化していきます。自分という存在を目の前の現実から捉えようとすると「自分は何者か」と、ひたすら自分の内面だけを見つめがちです。

ですが、「人生はすべて出会い」と考えると、周りとの関係から自分を掘り下げていくことができます。周りの変化を受け入れ、いわば川の流れに身を任せ、その流れのままに流されて生きていくことができます。なぜなら、人間の力では、そのときどきの流れを変えることは難しいからです。

それは、けっして「他力本願」ではありません。**やるべきことを精一杯やった上で変化を受け入れるのです。**

あるとき、私は不幸な出来事に見舞われました。何もかも順調な日常に、降って湧いた病気の宣告でした。入院した病院の窓から見える人たちが、何事もなく普通に歩いているのがうらやましかったです。

何でも食べられることも、家へ帰れることも、一か月後の約束ができることも、私にとっては当たり前ではありませんでした。

しかし、考えてみれば不眠に悩まされながら仕事にアクセルを踏みつづけた日々は長く続けられるはずもありません。あのとき病気になっていなければ、きっといまこの世にはいなかったでしょう。そのときは悲しい経験でしたが、いま思えば強制収容してもらえたのだと感謝できます。

自分にとって幸運と思えることは、文字通り幸せ感を味わえます。

しかし、いつもそうとは限りません。最悪と思える場合もやってきます。一見すると不幸な出来事が起こるとどん底に突き落とされた気分になりますが、往々にして最高の幸運をもたらしてくれるものです。

しかし、**それは自分次第です。その事柄をどう捉え解釈し、どのように対処するか、何に焦点を当て、そこから何を引き出すかは自分が決めることです。**

すべて必然で起こったことと受け止めて、なぜ起こったのか、その意味を自分に問うことです。

幸運なときはそんなことは考えもしません。「不運こそ最大のチャンス」。

じつは、偶然なんてひとつもないのです。

## 結果を出しつづけるその道の「プロ」こそ、プロセスを大事にしています

日本発祥の柔道において、勝つという「結果」はもちろん大切ですが、そこに至るまでにどのような試合運びをしたかが問われます。

道着の前をきちんと合わせ、帯をしっかり締めれば相手がつかみやすくなります。逆にゆるく締めていれば自分に有利なので、だらしなく着崩して直そうとしない選手もいます。しかし本来の柔道は、道着が着崩れたら素早く直し、正しい姿で再び相手と向き合う態度こそが重要なのです。

私の祖父は、戦後の混乱期にも「闇市」には絶対手を出しませんでした。

そこでは物のない時代に乗じて、古着を法外な値段で売って暴利を貪る業者が

店を大きくしていました。逆に、品薄な当店は大変な苦境に立たされました。それでも、祖父は目先の利益よりも正しい商売に徹し、お客様の信用を重ねていきました。苦しくてもまっとうな努力のプロセスは、強固な信頼で結ばれたお客様と良い社員を得て、確実に店を強くしました。

何ごとにおいても、**結果を求めるなら、むしろプロセス（過程）を重んじることではないでしょうか。**成果という「果（木の実）」は、木の根、幹、葉がしっかりしていればこそ手にできるものです。地の下にあって見えない根が張ってこそ、素晴らしい果実が得られます。

**結果を出しつづける人を「プロ」といいますが、それは「プロセス」を大切に踏みつづけてきた人のことをいうのです。**

真に価値があるのは、そこまで至るプロセスの人間的成長にあるのです。

おわりに

# 時代が変わっても揺るがないもの

## 「私が教えてもらったこと」をあなたへ

この『品格の教科書』という、素晴らしいテーマをいただいたとき、私はうれしくて舞い上がりました。

しかし、それも束(つか)の間、「そんなことが私に書けるのだろうか」「私にそんな資格があるのだろうか」と真剣に落ち込み、悩みました。

私自身、作法や所作が完璧かと問われれば、はっきり言って自信はありません。堅苦しいことが大嫌いなのに、なぜこのような本を書くことになったんだろうと考え込んでしまいました。

ただこの頃、「どのような事象も偶然ではなく、必然で起こる」と思っていました。私がこのテーマで書くことになったのも、何か理由があるのだろうと悶々(もんもん)とした日々を過ごしていました。

そんなとき、毎年恒例にしている長野県北部の山の中にある戸隠神社へのお参りに行きました。奥社は、五社ある中でも入り口から遠く、片道二キロほどの山道を歩いていかなければいけません。

さまざまな鳥の声、せせらぎの音、緑の木漏れ日、澄んだ風を感じながら、黙々と歩きます。中間点にある随神門を過ぎると、そこからは何百年生きているんだろうと思える立派な杉がずらりと立ち並んでいます。

「人間が生きている何十年なんて、ほんの束の間なんだなあ」

思い悩んでいることが、小さなことに思えてきました。

「私が死んだら何もかもなくなるんだろうなあ」

永年続く呉服屋を継がせるべく家族や親戚、たくさんの周りの人たちが、私に教えてくれたものも、その人たちの記憶も、みんななくなってしまうのだと思いました。

少し前までは、三世代が同居している家もめずらしくはありませんでした。

昔はひとつのちゃぶ台を囲んで夕食は家族が一緒にとり、いろいろな考え方に触れられました。また、一台のテレビをみなで共有して見ていたので、興味がなくても祖父が熱心に見ている相撲を仕方なく一緒に見なければいけませんでした。そういう日常だったからこそ、自然に幅広い世界に触れられたようにも思います。

しかし、いまは核家族やひとり暮らしが増えて、年代を超えた交流が減ってしまいました。

昔話をしながら善悪を教えてもらったり、さまざまな年代の考え方に触れたり、多様な生き方に学んだりすることが少なくなってしまったのではないでしょうか。それはネットで検索しても簡単には手に入れられないものです。

そこで気づいたのです。

**「そうだ、私が教えるのではなく、私が教えてもらったことを伝えることだ」**

周りに教えてくれる人がいなくても、本を読むことでわかることもあるかもしれない、読んだ人が私と同じような体験をできるかもしれないと思いました。本であれば、時間がない人でも自分の好きなときに読めるでしょう。

## 「当たり前」こそ一番大事なこと

私にとっても本を書くことは、日本人の精神性について改めて考える素晴らしい機会になりました。書きながら、幼い頃に祖母が話してくれた言い伝えや、京都のおばあさんが教えてくれた人への気遣いを折に触れて思い出させてもらえたことは、私にとってありがたいことでした。

自分にとって当たり前になっていることは、普段意識することはありません。記憶の奥深くに沈んでいます。

**しかし、その「当たり前」こそ一番大切なことだったのです。**

**どれだけ時代が変わろうと「人のあり方の本質」は変わるものではありません。**

それは長い間を経て、人から人へと伝わってきた「揺るぎないもの」だからです。

素晴らしい企画とテーマをくれた、サンマーク出版編集長の金子尚美さん、「本など書けない」とあきらめていた私に勇気をくれたブックオリティの高橋朋宏さん、ありがとうございました。

また、「書きなさい」と強く背中を押してくださった大久保寛司さん、当たり前の大切さに気づかせてくれた西美津江さん、絶え間なくエールを送りつづけてくれた長田達郎さん、気持ちが弱くなったときにも「本、待ってるよ」と応援してくれた多くの友人に感謝申し上げます。

そして、本を書く時間を与えてくれた山本呉服店のスタッフ、何よりの理解者であった家族に「ありがとう」と言いたいです。その思いが背中を押してくれたからこそ、この本を書き上げることができました。

読んでくださったあなたにとって、このたくさんの人の心のこもった本が、何かのお役に立てば幸せです。

山本由紀子

# 参考文献

『もしも利休があなたを招いたら』千宗屋著（角川新書）
『日本文化の核心』松岡正剛著（講談社現代新書）
『日本の感性が世界を変える』鈴木孝夫著（新潮選書）
『日本人の忘れもの』1～4　中西進著（ウェッジ文庫）
『日本のかたち』中西進著（産経新聞出版）
『文化人類学で読む日本の民俗社会』伊藤亜人著（有斐閣選書）
『和のふるまい』近藤珠實著（日本文芸社）
『美しい人を作る〝和〟の所作』小柴皐月著（立東舎）
『日本人の忘れもの』井上雅夫著（日本教文社）
『文化としてのマナー』熊倉功夫著（岩波人文書セレクション）
『ニッポンのココロの教科書』ひすいこたろう／ひたかみひろ著（大和書房）
『歴史読本』２０１１年２月号（新人物往来社）
『人生の教養が身につく名言集』出口治明著（三笠書房）
『なぜか一目おかれる人の大人の品格大全』話題の達人倶楽部編（青春出版社）
『品格のつくられかた』新井えり著（グラフ社）
『昭和、家族の見識』新井えり著（中央公論新社）
『日本人のこころとかたち』小笠原敬承斎著（淡交社）
『日本人なら知っておきたい美しい10の作法』小笠原敬承斎著（中経出版）
『小笠原流　美しい大人のふるまい』小笠原清基著（日本実業出版社）
『13歳から身につけたい「日本人の作法」』「大人のたしなみ」研究会編著（大和出版）
『箸はすごい』エドワード・ワン著／仙名紀訳（柏書房）
『品のある人をつくる、美しい所作と和のしきたり』金嶽宗信監修（永岡書店）
『京のあたりまえ　暮らしぶり、その心と智恵』岩上力著（光村推古書院）
『おしゃれの「落とし穴」』池田奈加子著（講談社）
『ワンランク上のエレガントマナー』上月マリア著（ＰＨＰ研究所）
『大人の礼服とマナー』美しいひととＢＯＯＫＳ編（文響社）
『日本民俗大辞典』上下　福田アジオ他編（吉川弘文館）

〈著者プロフィール〉

**山本由紀子**（やまもと・ゆきこ）

創業一三二年・山本呉服店取締役会長。

江戸時代から続く、岐阜の商家の一人娘として生まれる。幼少期から礼儀作法、所作等厳しく指南され、華道、茶道、習字といったはば広いお稽古事を体得する。

京都の大学卒業後、金沢の呉服店で修業したのち、実家の呉服店の経営に加わる。大幅に市場規模が縮小している呉服業界において、着物を「物」として売るのでなく、現代生活の中で着物を着る「楽しさや豊かさ」を提案して事業を拡大。岐阜県内に三店舗を展開。四代目として事業を引き継ぎ、「奇跡の呉服屋」として、『日経ＭＪ』『商業界』などの新聞、経営誌に取り上げられる。

現在は、五代目に経営を交代。会長として呉服店をサポートするとともに、京都・四条烏丸に「山兵 さろん」を開設。歳時記に合わせて日本文化を学ぶ講座や、祇園にて「舞妓さんの新人教育」に関するセミナーなどを開催。また、ビジネスシーンで着物を活用する経営者のサポートや、着付け教室、京都散策イベントなど新たな試みを展開中。

▼山本由紀子の着物ブログ

▼山本呉服店HP

# 品格の教科書

2021年9月20日　初版印刷
2021年9月30日　初版発行

著者　山本由紀子
発行人　植木宣隆
発行所　株式会社サンマーク出版
〒169-0075　東京都新宿区高田馬場2-16-11
（電）03-5272-3166

印刷所　共同印刷株式会社
製本所　株式会社村上製本所


ISBN978-4-7631-3928-3　C0030
ホームページ　https://www.sunmark.co.jp

サンマーク出版のベストセラー

# 完全版　鏡の法則

野口嘉則【著】

四六判上製　定価＝本体 1200 円＋税

なぜ、読んだ人の９割が涙したのか？
１００万部を突破した感動の物語が、いまよみがえる！

◎鏡の法則

・あなたの人生に幸せをもたらすための解説とあとがき
・感動だけで終わらないために
・人生は自分の心を映し出す鏡
・困難な問題が教えてくれるメッセージ
・ゆるすとはどうすることなのか？
・ゆるす前にやるべきこと
・親との間に境界線を引けない人たち

電子版は Kindle、楽天〈kobo〉、または iPhone アプリ（Apple Books 等）で購読できます。